中① 復習《ふくしゅう》ワーク５科

この本の特色と使い方

①学習したことがらが10日間でしっかり身につく くふうをこらしてつくった主要５科の復習

②その学年・教科で学習しなければならない，もたいせつな学習内容と考え方を取り入れ，確実に力がつくようります。

「合格点」が示してあります。問題を解いたあと，答え合わせをして採点しましょう。

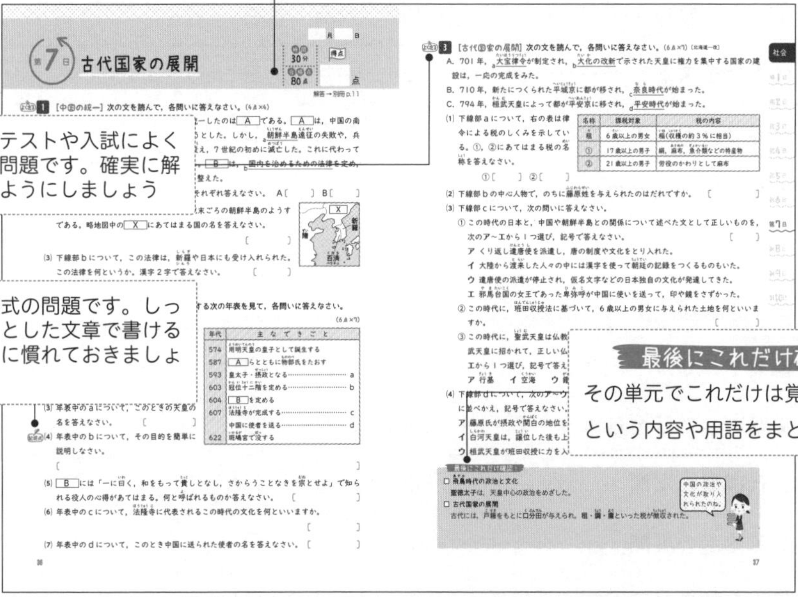

第7日 古代国家の展開

月 日

時間 30分 合格点 80点 得点 点

解答→別冊p.11

よく出る 1 [中国の統一] 次の文を読んで，各問いに答えなさい。(6点×4)

一したのは A である。A は，中国の南
うとした。しかし，a 朝鮮《ちょうせん》半島遠征《えんせい》の失敗や，兵
え，7世紀の初めに滅亡《めつぼう》した。これに代わって
B は，b 国内を治めるための法律を定め，
整えた。

それぞれ答えなさい。 A〔 〕B〔 〕

末ごろの朝鮮半島のようすである。略地図中の X にあてはまる国の名を答えなさい。 〔 〕

X 新羅 隋 百済

(3) 下線部bについて，この法律は，新羅《しらぎ》や日本にも受け入れられた。この法律を何というか。漢字２字で答えなさい。 〔 〕

する次の年表を見て，各問いに答えなさい。(6点×7)

年代	主なできごと
574	用明天皇《ようめいてんのう》の皇子として誕生する
587	A らとともに物部《もののべ》氏をたおす
593	皇太子・摂政《せっしょう》となる……a
603	冠位十二階《かんいじゅうにかい》を定める……b
604	B を定める
607	法隆寺《ほうりゅうじ》が完成する……c
	中国に使者を送る……d
622	斑鳩宮《いかるがのみや》で没《ぼっ》する

(3) 年表中のaについて，このときの天皇の名を答えなさい。 〔 〕

記述式 (4) 年表中のbについて，その目的を簡単に説明しなさい。
〔 〕

(5) B には「一に曰《いわ》く，和をもって貴《とうと》しとなし，さからうことなきを宗《むね》とせよ」で知られる役人の心得があてはまる。何と呼《よ》ばれるものか答えなさい。 〔 〕

(6) 年表中のcについて，法隆寺《ほうりゅうじ》に代表されるこの時代の文化を何といいますか。 〔 〕

(7) 年表中のdについて，このとき中国に送られた使者の名を答えなさい。 〔 〕

36

よく出る 3 [古代国家の展開] 次の文を読んで，各問いに答えなさい。(6点×7)(北海道－改)

A. 701年，a 大宝律令《たいほうりつりょう》が制定され，b 大化《たいか》の改新で示された天皇に権力を集中する国家の建設は，一応の完成をみた。

B. 710年，新たにつくられた平城京《へいじょうきょう》に都が移され，c 奈良《なら》時代が始まった。

C. 794年，桓武《かんむ》天皇によって都が平安京《へいあんきょう》に移され，d 平安時代が始まった。

(1) 下線部aについて，右の表は律令による税のしくみを示している。①，②にあてはまる税の名称を答えなさい。
①〔 〕②〔 〕

名称	課税対象	税の内容
租	6歳以上の男女	稲(収穫の約3％に相当)
①	17歳以上の男子	絹，麻布，魚介類などの特産物
②	21歳以上の男子	労役のかわりとして麻布

(2) 下線部bの中心人物で，のちに藤原姓《ふじわらせい》を与えられたのはだれですか。 〔 〕

(3) 下線部cについて，次の問いに答えなさい。

① この時代の日本と，中国や朝鮮半島との関係について述べた文として正しいものを，次のア～エから１つ選び，記号で答えなさい。 〔 〕

ア くり返し遣唐使《けんとうし》を派遣し，唐の制度や文化をとり入れた。

イ 大陸から渡来《とらい》した人々の中には漢字を使って朝廷《ちょうてい》の記録をつくるものもいた。

ウ 遣唐使の派遣が停止され，仮名文字などの日本独自の文化が発達してきた。

エ 邪馬台国《やまたいこく》の女王であった卑弥呼《ひみこ》が中国に使いを送って，印や鏡をさずかった。

② この時代に，班田収授法《はんでんしゅうじゅほう》に基づいて，6歳以上の男女に与えられた土地を何といいますか。 〔 〕

③ この時代に，聖武《しょうむ》天皇は仏教
武天皇に招かれて，正しい仏
エから１つ選び，記号で答え
ア 行基《ぎょうき》 イ 空海《くうかい》 ウ

(4) 下線部dについて，次のア～ウ
に並べかえ，記号で答えなさい。
ア 藤原氏が摂政や関白《かんぱく》の地位を
イ 白河《しらかわ》天皇は，譲位した後も上
ウ 桓武天皇が班田収授に力を入

最後にこれだけ確認！

□ 飛鳥《あすか》時代の政治と文化
聖徳太子は，天皇中心の政治をめざした。

□ 古代国家の展開
古代には，戸籍《こせき》をもとに口分田《くぶんでん》が与えられ，租・調・庸といった税が徴収《ちょうしゅう》された。

中国の政治や文化が取り入れられたのね。

社会 第7日

37

よく出る 定期テストや入試によく出る問題です。確実に解けるようにしましょう

記述式 記述式の問題です。しっかりとした文章で書けるように慣れておきましょう。

最後にこれだけ確認！
その単元でこれだけは覚えてほしいという内容や用語をまとめています。

●**仕上げテスト**…このページで各科目の知識がしっかりと定着しているかを確かめましょう。

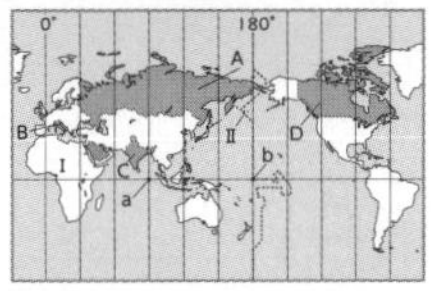

月 日

第10日 仕上げテスト

時間 30分 合格点 70点 得点 点

解答→別冊p.12

1 [世界地理総合] 次の地図を見て，各問いに答えなさい。(7点×8)(新潟)

(1) 地図中のⅠは六大陸の１つである。Ⅰの大陸の名称《めいしょう》を答えなさい。 〔 〕

(2) 右の資料は，地図中の で示した国に住む多くの人々が信仰《しんこう》している宗教の寺院を示したものである。この地域に住む多くの人々が信仰している宗教を，次のア～エから１つ選び，記号

●**解答編**…解答編には解答と解説に加え，覚《おぼ》えておこうを入れています。まちがえたり解けなかったりしてつまずいたときの原因をさぐりやすくし，プラスαの知識が得られます。

本書に関する最新情報は，当社ホームページにある**本書の「サポート情報」**をご覧ください。(開設していない場合もございます。)

目次と学習記録表

中1 復習ワーク5科

得点グラフを
有効に活用しよう。

数学

第1日 正の数・負の数

月　日

時間 30分

合格点 80点

得点　　点

解答→別冊 p.1

1 [正の符号《ふごう》，負の符号] 次の文を，正の数を使って書きかえなさい。(3点×2)

(1) -3 cm 長い

(2) -5 kg 重い

2 [正の数・負の数] 下の8つの数について，(1)～(4)にあてはまる数をすべて選びなさい。(3点×4)

-2，3，$-\dfrac{20}{3}$，0.25，6，-5，-0.3，$\dfrac{3}{2}$

(1) 最も小さい数

(2) 自然数

(3) 負の整数

(4) 絶対値が最も小さい数

3 [加法と減法] 次の計算をしなさい。(4点×4)

(1) $(-7)+(+5)$

(2) $5-(-9)$

(3) $-2+(-8)+4-(-5)$

(4) $-\dfrac{1}{2}-\left(-\dfrac{1}{4}\right)+\dfrac{1}{3}$

4 [乗法と除法] 次の計算をしなさい。(4点×4)

(1) $7\times(-9)$

(2) $(-15)\div(-3)$

(3) $-6^2\div3\times(-2)^2$

(4) $-\dfrac{3}{7}\times\left(-\dfrac{7}{10}\right)\div\dfrac{6}{5}$

5 [素数] 次の数を，素数の積の形に表しなさい。(3点×2)

(1) 12

(2) 150

よく出る **6** **[加減乗除の混じった計算]** 次の計算をしなさい。(5点×4)

(1) $6-4\times(5-7)$ 〔神奈川〕

(2) $24\div(-6)+(-2)^2\times3$ 〔茨城〕

(3) $\{-8^2-3\times(-2)^3\}\div(-5)$

(4) $-\left(-\dfrac{2}{5}\right)^2+\dfrac{2}{3}\times\left(\dfrac{1}{2}-\dfrac{1}{5}\right)$

7 **[計算のきまり]** 次の計算をしなさい。(5点×2)

(1) $\left(\dfrac{5}{6}-\dfrac{7}{8}\right)\times24$

(2) $-0.34\times37+(-0.34)\times63$

よく出る **8** **[正負の数の利用]** 右の表はA，B，C，D，E５人のテストの得点から，クラスの平均点をひいた差を示したものである。Aの得点が68点のとき，次の問いに答えなさい。

A	B	C	D	E
+4	−3	+7	−6	+1

(5点×2)

(1) クラスの平均点を求めなさい。

(2) 5人の平均点を求めなさい。

9 **[数の集合]** $\square$に自然数が入るとき，次のア～エの中で，計算の結果がいつでも自然数になるのはどれですか。(4点)

ア $\square+\square$　イ $\square-\square$　ウ $\square\times\square$　エ $\square\div\square$

最後にこれだけ確認！

確認チェック

□ 正の数・負の数の加法

①同符号《どうふごう》の２数の和は，２数の絶対値の和に，共通の符号をつける。

②異符号の２数の和は，２数の絶対値の差に，絶対値の大きいほうの符号をつける。

□ 正の数・負の数の乗法と除法

①同符号の２数の積，商は，２数の絶対値の積，商に正の符号をつける。

②異符号の２数の積，商は，２数の絶対値の積，商に負の符号をつける。

□ 四則混合計算

累乗《るいじょう》→かっこの中→乗除→加減の順で計算する。

減法は，ひく数の符号を変えて，加法にしてから計算しよう。

第2日 文字と式

月　日

時間 30分
合格点 80点
得点　点

解答→別冊p.1

1 ［式の表し方］次の式を，×や÷の記号を使わないで表しなさい。（4点×4）

(1) $x\times4$　(2) $m\times(-1)$　(3) $x\times x\times x$　(4) $(a-b)\times5$

2 ［×，÷を使った式］次の式を，×，÷の記号を使って表しなさい。（4点×3）

(1) $3xy$　(2) $2a-3b$　(3) $\dfrac{a+b}{3}$

3 ［式の値］$x=-2$ のとき，次の式の値を求めなさい。（4点×2）

(1) $-3x-5$　(2) x^2

4 ［文字式の加減］次の計算をしなさい。（4点×3）

(1) $x-2+4x-5$　(2) $3x-1+(2x+2)$　(3) $(5x+6)-(3x-4)$

5 ［文字式と数の乗除］次の計算をしなさい。（4点×4）

(1) $(-3x)\times2$　(2) $-2(3a-2)$

(3) $(-21m+14)\div(-7)$　(4) $\dfrac{2x-5}{3}\times9$

よく出る **6** **[かっこのある式の加減]** 次の計算をしなさい。(4点×4)

(1) $3(a+2)+2(a-1)$ 〔岩手〕

(2) $8(7a+5)-4(9-a)$ 〔鹿児島〕

(3) $\frac{1}{3}(2x-1)-\frac{1}{4}(x-5)$ 〔静岡〕

(4) $\frac{5x+3}{4}-\frac{2x-1}{3}$ 〔愛知〕

7 **[関係を式で表す]** 次の数量の関係を，不等式で表しなさい。(5点×2)

(1) a 円のカーネーションと，b 円のケーキを買ったときの代金は 500 円より安かった。

(2) 分速 60 m で a 分歩いたときの道のりは 3 km 以下だった。(単位は m)

8 **[式の表す意味]** 縦 a cm，横 a cm，高さ b cm の直方体がある。次の式は何を表していますか。(5点×2)

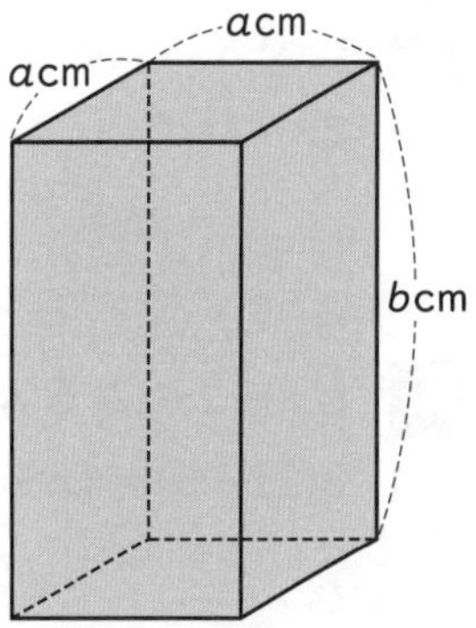

(1) a^2b(cm^3)

(2) $8a+4b$(cm)

最後にこれだけ確認！

□ 文字式の表し方

①かけ算の記号×は省略し，数は文字の前に書く。文字の積は，アルファベット順に書く。

②わり算は分数の形で書く。

③同じ文字の積は，累乗《るいじょう》の形で書く。

□ 1次式の計算

分配法則を使ってかっこをはずし，1次の項《こう》どうし，
数の項どうしをそれぞれまとめる。

分配法則
$a(b+c)=ab+ac$
後ろの項にもかけるのを
忘れないようにしよう。

第3日 1次方程式

月　日

時間 30分　合格点 80点　得点　点

解答→別冊 p.2

1 [1次方程式の解] 次の方程式のうち，-2 が解であるものをすべて選び，記号で答えなさい。(4点)

ア $6-x=8$　イ $4x-1=-x+9$　ウ $3(x-1)=2x-5$

2 [等式の性質] 等式には，右のア～エの性質がある。
方程式 $2x-5=5x+4$ を下のように解いた。①～③ではそれぞれ等式の性質のどれを使ったか。右の等式の性質ア～エから選んで，記号で答えなさい。(3点×3)

$2x-5=5x+4$
↓①
$-3x-5=4$
↓②
$-3x=9$
↓③
$x=-3$

等式の性質

$A=B$ ならば

ア $A+C=B+C$

イ $A-C=B-C$

ウ $AC=BC$

エ $\dfrac{A}{C}=\dfrac{B}{C}$

(ただし，$C \neq 0$)

3 [1次方程式の解き方] 次の方程式を解きなさい。(4点×3)

(1) $2x-3=7$　(2) $5x+4=2x-8$　(3) $2x-3=3x+5$

4 [かっこのある方程式] 次の方程式を解きなさい。(5点×2)

(1) $3(2x-5)=4x+1$　〔大阪〕

(2) $4(2x-3)-3(4x-5)=7$

5 [小数係数の方程式] 次の方程式を解きなさい。(5点×4)

(1) $0.1x-0.5=0.3x+0.1$　(2) $0.02x-0.07=-0.03x+0.08$

(3) $0.15x+0.1=0.09x+0.46$　(4) $1.4(2x-5)=3.3x+0.5$

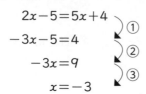

よく出る **6** **[分数係数の方程式]** 次の方程式を解きなさい。(5点×2)

(1) $x+\frac{8}{3}=\frac{1}{3}x-2$　　(2) $3-\frac{6-x}{7}=\frac{x}{2}$

7 **[比例式の性質]** 次の比例式を解きなさい。(5点×4)

(1) $x:8=3:6$　　(2) $5:7=6:x$

(3) $7:5=28:(x-3)$　　(4) $\frac{1}{3}:x=\frac{8}{3}:4$

よく出る **8** **[文字をふくむ方程式]** 次の問いに答えなさい。(5点×3)

(1) x についての1次方程式 $2x-a=4(a-x)-7$ の解が3のとき，a の値を求めなさい。

〔香川〕

(2) x についての1次方程式 $\frac{x+a}{3}=\frac{x-1}{6}-a$ の解が7のとき，a の値を求めなさい。

(3) x についての1次方程式 $px-(p-2)=2p+x$ …① と，$3(x-2)=5x-14$ …② が同じ解のとき，p の値を求めなさい。

最後にこれだけ確認！

□ **1次方程式を解く手順**

①小数や分数を係数にふくむ方程式は，係数を整数にする。かっこがあればはずす。
②移項《いこう》して $ax=b$ の形に整理する。
③両辺を x の係数 a でわる。

月　日

第4日 1次方程式の利用

時間 30分
合格点 75点
得点　　点

解答→別冊 p.3

よく出る **1** [代金の問題] 中学生と大人あわせて9人で博物館へ行ったところ，入館料は全部で3000円であった。この博物館の入館料は，中学生1人200円，大人1人600円である。次の問いに答えなさい。(10点×2)

(1) 中学生の人数を x 人として，方程式をつくりなさい。

(2) 中学生と大人の人数は，それぞれ何人か求めなさい。

よく出る **2** [過不足の問題] りんごを何人かの子どもに分けるのに，1人に6個ずつ配ると17個余り，1人に8個ずつ配ると5個不足する。このとき，次の問いに答えなさい。(15点×2)

(1) 子どもの人数を x 人として方程式をつくり，りんごの個数を求めなさい。

(2) りんごの個数を x 個として方程式をつくり，りんごの個数を求めなさい。

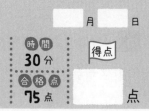

3 **[数の問題]** 一の位が 7 である 2 けたの自然数がある。この自然数の十の位の数と一の位の数を入れかえた数は，もとの数より 27 大きい。もとの自然数を求めなさい。(20点)

4 **[速さの問題]** 池のまわりに 1 周 3360 m の道がある。この道を，陽子さんは自転車に乗り毎分 200 m の速さで進み，太郎《たろう》さんは歩いて毎分 80 m の速さで進むものとする。このとき，次の問いに答えなさい。(15点×2)〔石川―改〕

(1) 陽子さんが右まわりに，太郎さんが左まわりに，A 地点を同時に出発した。このとき，2 人が初めて出会うのは出発してから何分後か，求めなさい。

(2) 陽子さんも太郎さんも同じように，左まわりに A 地点を同時に出発した。このとき，陽子さんが太郎さんをちょうど 1 周追いぬくのは出発してから何分後か，求めなさい。

最後にこれだけ確認！

□ **1 次方程式の文章題を解く手順**

①求める数量を x で表す。

②数量の間の関係から方程式をつくる。

③方程式を解く。

④方程式の解が，問題に合っているか調べる。

数量の関係を図や表にまとめると，方程式をつくりやすくなるよ。

月　日

第5日 比例と反比例 ①

時間 30分
合格点 80点
得点　点

解答→別冊p.3

1 [関数] 次のア～エの文の中から，y が x の関数であるものをすべて選び，記号で答えなさい。(6点)

ア 1本60円の鉛筆《えんぴつ》を x 本買うときの代金は y 円である。

イ 面積が20 cm^2 の長方形の縦の長さが x cm のとき，横の長さは y cm である。

ウ 朝9時の気温が x ℃のとき，夕方4時の気温は y ℃である。

エ 250ページの本で，x ページ読んだときの残りは y ページである。

よく出る **2** [比例] y は x に比例し，$x=3$ のとき $y=-9$ である。次の問いに答えなさい。(5点×4)

(1) y を x の式で表しなさい。

(2) $x=6$ のとき，y の値を求めなさい。

(3) $x=-2$ のとき，y の値を求めなさい。

(4) $y=8$ のとき，x の値を求めなさい。

よく出る **3** [反比例] y は x に反比例し，$x=-2$ のとき $y=4$ である。次の問いに答えなさい。(5点×4)

(1) y を x の式で表しなさい。

(2) $x=-4$ のとき，y の値を求めなさい。

(3) $x=\frac{1}{2}$ のとき，y の値を求めなさい。

(4) $y=8$ のとき，x の値を求めなさい。

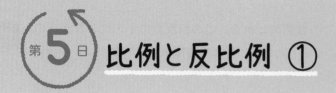

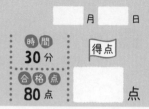

4 [xとyの対応表] 次の問いに答えなさい。

(1) yはxに比例し，xの値に対応するyの値が右の表のようになっているとき，yをxの式で表しなさい。また，表の空らんをうめなさい。(6点×2)

x	…	-1	0	1	2	…
y	…	4	0	-4		…

(2) yはxに反比例し，xの値に対応するyの値が右の表のようになっているとき，yをxの式で表しなさい。また，表の空らんをうめなさい。(6点×3)

x	…	-3	-2	1		…
y	…		-6	12	2	…

5 [比例の応用] 3 m で 135 g の針金がある。この針金x m の重さをy g とするとき，yをxの式で表しなさい。また，この針金の重さが 900 g のときの長さは何 m ですか。

(7点×2)

6 [反比例の応用] 歯数 16 の歯車 A が毎分 250 回転している。この歯車に，歯数xの歯車 B がかみ合って毎分y回転しているものとする。歯車 B の回転数を毎分 100 回転にするには，歯数をいくつにすればよいですか。(10点)

最後にこれだけ確認！

□ **比例**

式…$y=ax$（aは比例定数）

性質…xの値を 2 倍，3 倍，…すると，yの値も 2 倍，3 倍，…になる。

対応するxとyの値の商$\dfrac{y}{x}$の値は一定で，比例定数aに等しい。

□ **反比例**

式…$y=\dfrac{a}{x}$（aは比例定数）

性質…xの値を 2 倍，3 倍，…すると，yの値は$\dfrac{1}{2}$倍，$\dfrac{1}{3}$倍，…になる。

対応するxとyの値の積xyの値は一定で，比例定数aに等しい。

第6日
比例と反比例 ②

月　日

時間 30分
合格点 75点
得点　点

解答 → 別冊 p.4

1 [座標] 次の問いに答えなさい。

(1) 座標が(−4, −3)である点Cを，右の図にかき入れなさい。(4点)

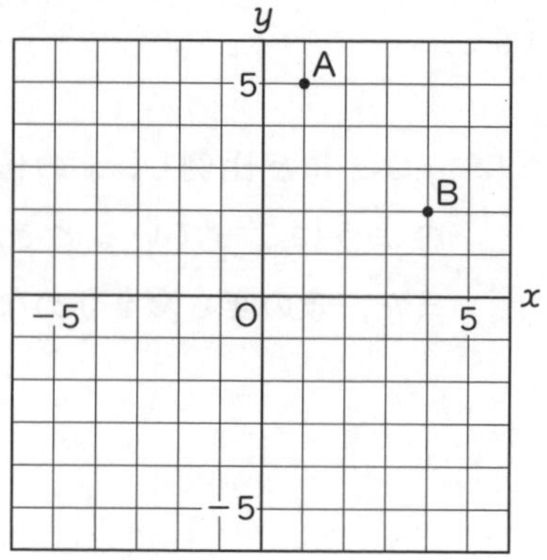

(2) 3点A，B，Cを頂点とする三角形ABCの面積を求めなさい。ただし，座標軸《じく》の1目盛りを1 cmとする。
(8点)

よく出る 2 [比例・反比例のグラフ] 次の問いに答えなさい。(7点×4)

(1) 次の①，②のグラフを右の図にかきなさい。

① $y=\frac{2}{3}x$

② $y=-\frac{4}{x}$

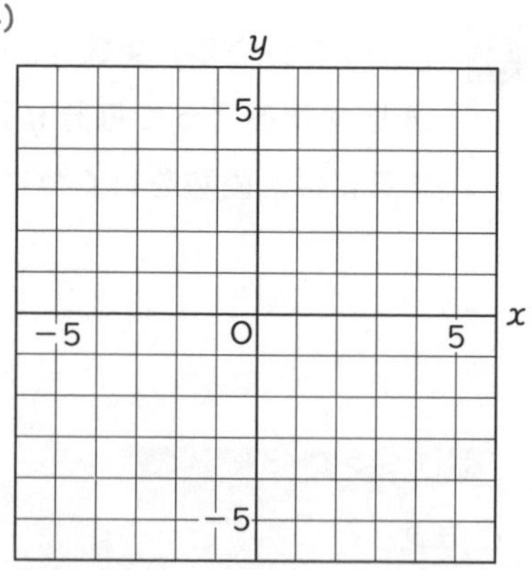

(2) 右の図の①，②のグラフの式を求めなさい。

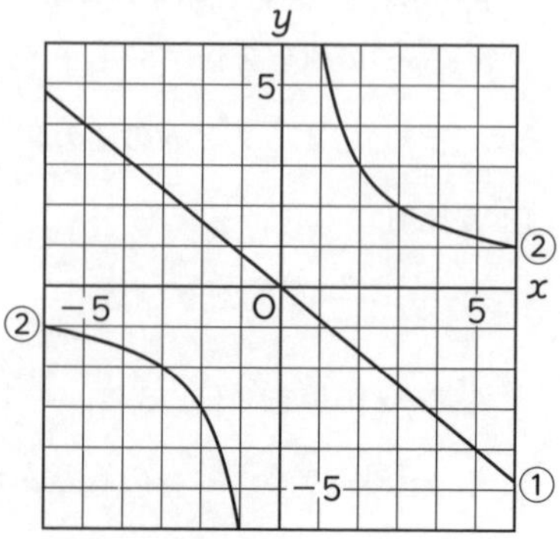

3 **[比例する2つの量のグラフ]** 右の図のように，長方形ABCDがあり，点Pは辺BC上をBからCまで動く。BPの長さをx cm，三角形ABPの面積をy cm^{2}とするとき，次の問いに答えなさい。(10点×3)

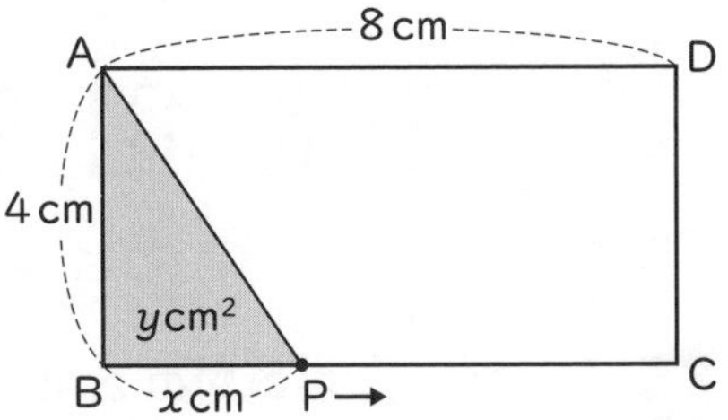

(1) xの変域を求めなさい。

(2) yをxの式で表しなさい。

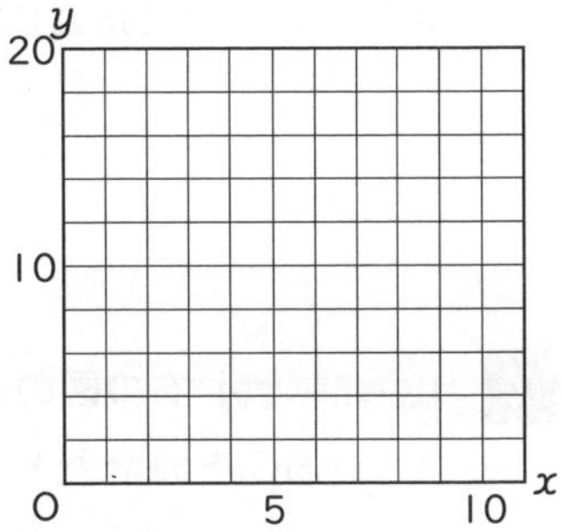

(3) xとyの関係を，右の図にグラフで表しなさい。

4 **[比例・反比例のグラフ]** 右の図のように，関数 $y=\frac{a}{x}$ …㋐ のグラフ上に2点A，Bがあり，㋐のグラフと関数 $y=2x$…㋑ のグラフが，点Aで交わっている。点Aのx座標が2で，点Bの座標が$(-6,\ p)$のとき，次の問いに答えなさい。

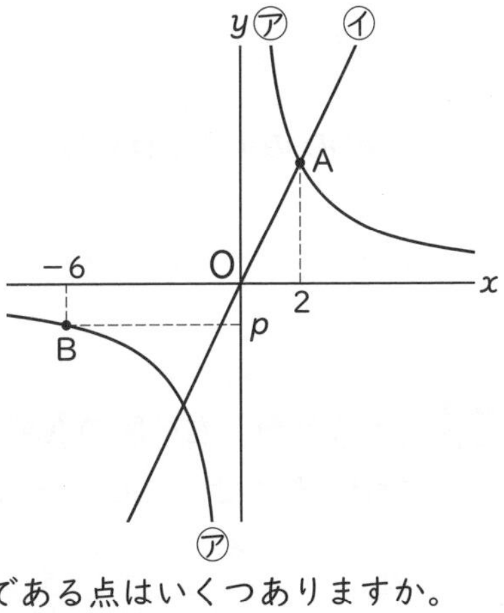

(1) a，pの値を求めなさい。(10点×2)

(2) ㋐のグラフ上の点で，x座標，y座標の値がともに整数である点はいくつありますか。

(10点)

最後にこれだけ確認！

□ **比例** $y=ax$ のグラフ…原点を通る直線となる。

$a>0$ のとき

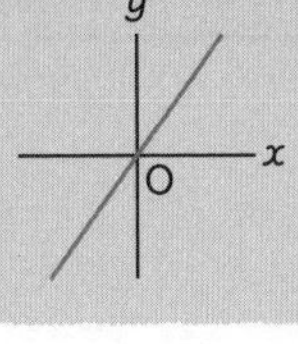

$a<0$ のとき

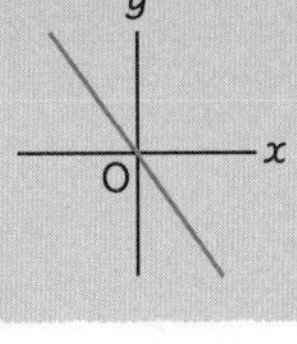

□ **反比例** $y=\frac{a}{x}$ のグラフ…双曲線《そうきょくせん》となる。

$a>0$ のとき

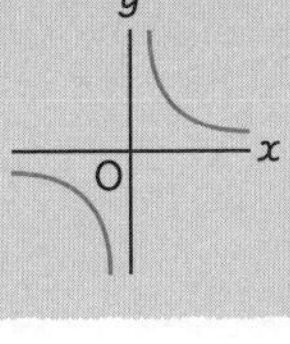

$a<0$ のとき

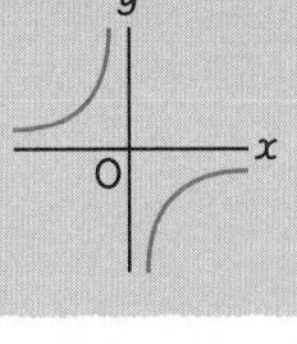

第7日 平面図形

月　日

時間 30分
合格点 80点
得点　点

解答→別冊 p.5

1 [平行移動] 右の図の△ABCを，点Aが点Dに移るように平行移動させた△DEFをかきなさい。(12点)

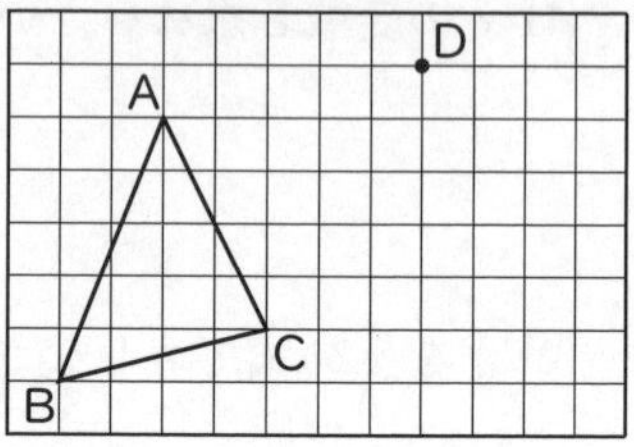

2 [回転移動] 右の図の△DEFは，点Oを回転の中心として△ABCを時計回りに100°だけ回転移動させたものである。次の問いに答えなさい。(8点×2)

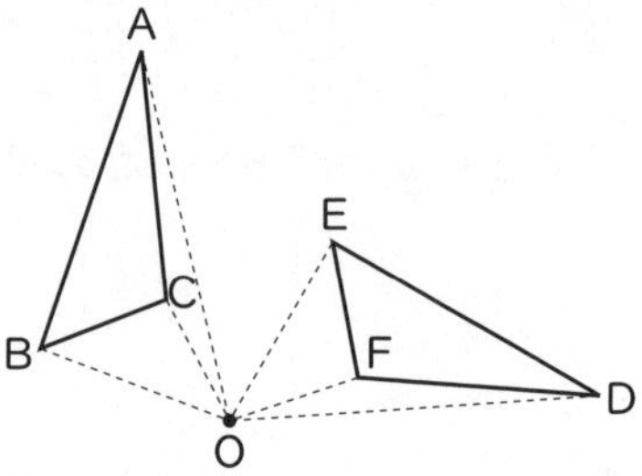

(1) 線分OCと線分OFの長さの関係を式で表しなさい。

(2) ∠AODの大きさは何度ですか。

3 [対称《たいしょう》移動] 右の図の△ABCを，直線ℓを対称の軸《じく》として対称移動させた△DEFをかきなさい。(12点)

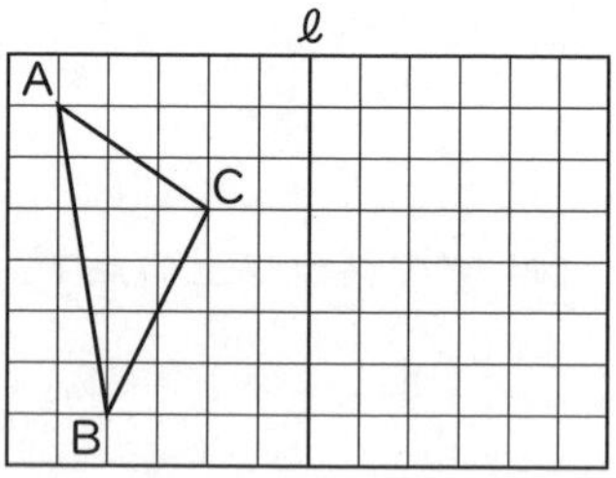

よく出る **4** [作図①] 右の図のように，長方形ABCDがあり，辺ABの中点をMとする。頂点Cを中点Mに重ねるように折るとき，その折り目となる直線を，定規とコンパスを用いて作図しなさい。また，作図に用いた線は消さずに残しておくこと。(12点)〔千葉〕

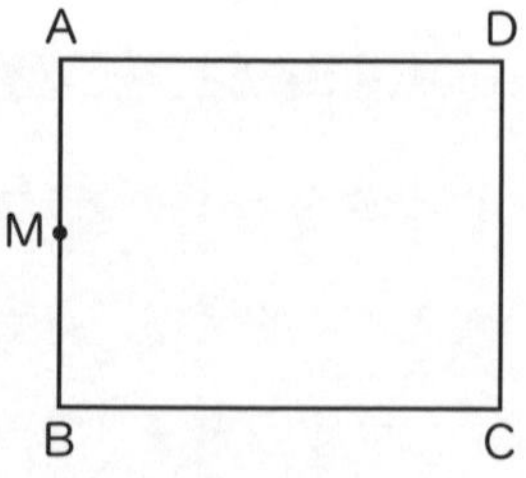

よく出る **5** **[作図②]** 右の図の △ABC の辺 AC 上にあって，$\angle PBC=\frac{1}{2}\angle ABC$ となる点 P を，定規とコンパスを用いて作図しなさい。また，作図に用いた線は消さずに残しておくこと。(12点)〔愛媛〕

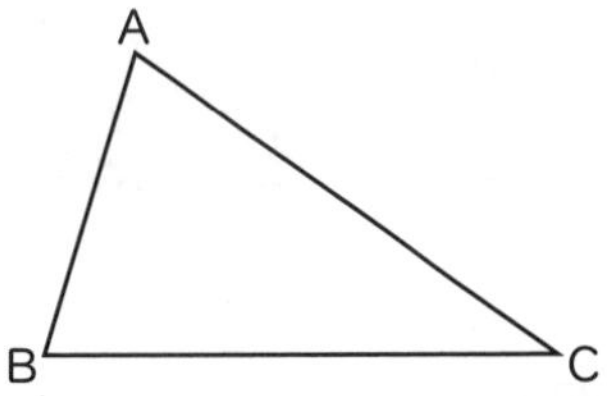

6 **[円の接線の作図]** 右の図のように，円 O の周上に点 P がある。点 P における円 O の接線を，定規とコンパスを用いて作図しなさい。また，作図に用いた線は消さずに残しておくこと。(12点)〔兵庫〕

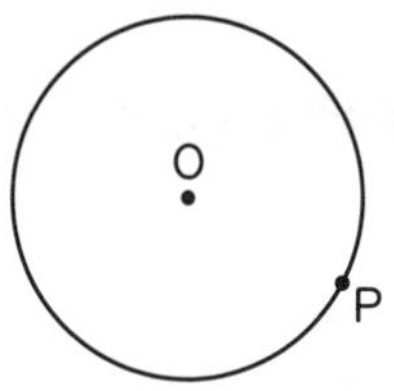

7 **[おうぎ形]** 次の問いに答えなさい。ただし，円周率は π とする。(6点×4)

(1) 半径 9 cm，中心角 120° のおうぎ形の弧《こ》の長さと面積を求めなさい。

(2) 半径 6 cm，弧の長さ 8π cm のおうぎ形の中心角と面積をそれぞれ求めなさい。

最後にこれだけ確認！

□ **おうぎ形の弧の長さ**

半径 r，中心角 a°のおうぎ形の弧の長さ ℓ は

$$\ell=2\pi r\times\frac{a}{360}$$

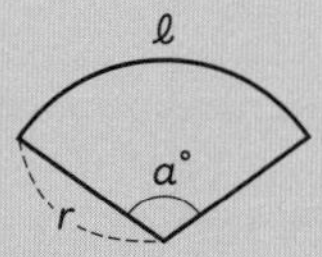

□ **おうぎ形の面積**

半径 r，中心角 a°のおうぎ形の面積 S は

$$S=\pi r^2\times\frac{a}{360}$$

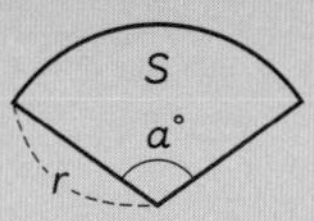

半径 r，弧の長さ ℓ のおうぎ形の面積 S は，

$$S=\frac{1}{2}\ell r$$

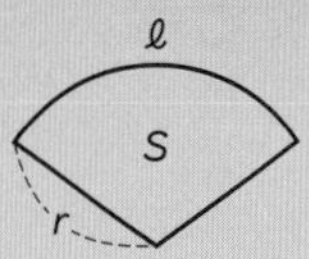

第8日 空間図形

月　日

時間 30分　合格点 75点　得点　点

解答 → 別冊 p.5

よく出る **1** **［直線と平面の位置関係］** 右の図は，直方体から三角柱を切り取ってできる立体である。次の辺や面をすべて答えなさい。

（7点×3）〔山口一改〕

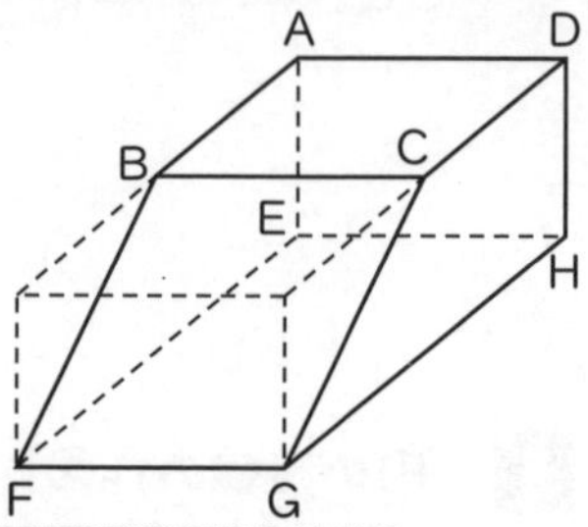
A
D
B
C
E
H
F
G

(1) 辺 AB とねじれの位置にある辺

(2) 面 EFGH と垂直な面

(3) 辺 AD と平行な面

空間内で，平行でなく交わらない2つの直線は，「ねじれの位置にある」というよ。

2 **［回転体］** 次の図形を直線 ℓ を軸《じく》として1回転させると，どのような立体ができますか。見取図をかきなさい。（7点×2）

(1)

ℓ

〔和歌山〕 (2)

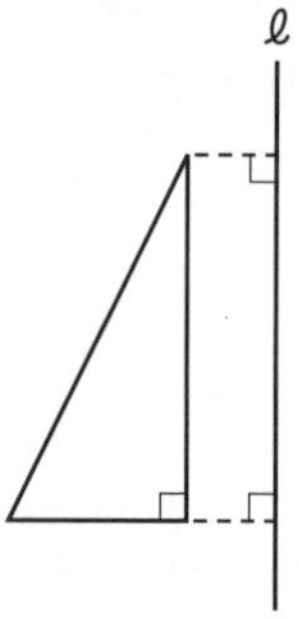
ℓ

3 **［投影図］** 次の投影図は，右の立体名**ア**～**カ**のどの立体を表していますか。記号で答えなさい。（7点×3）

(1)

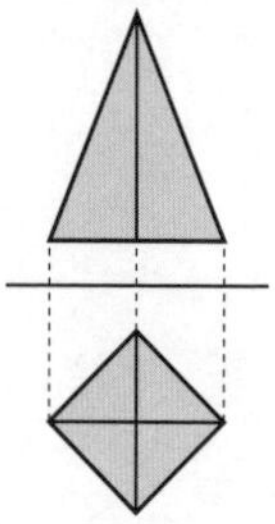

(2)

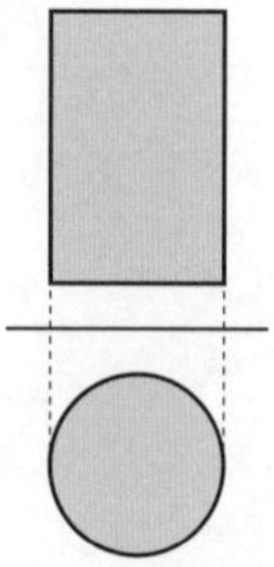

(3)

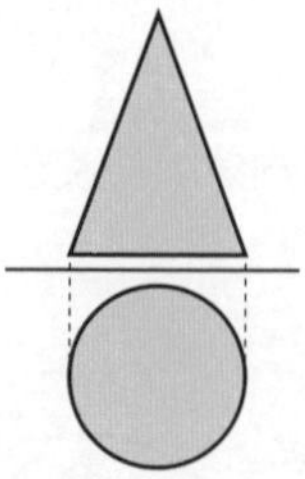

立体名

ア 円柱
イ 三角錐《すい》
ウ 四角錐
エ 立方体
オ 直方体
カ 円錐

よく出る **4** **[回転体の表面積と体積]** 右の図のような，∠ACB＝90° である△ABC があり，AB＝10 cm，BC＝6 cm，AC＝8 cm である。このとき，次の問いに答えなさい。ただし，円周率は π とする。（8点×2）

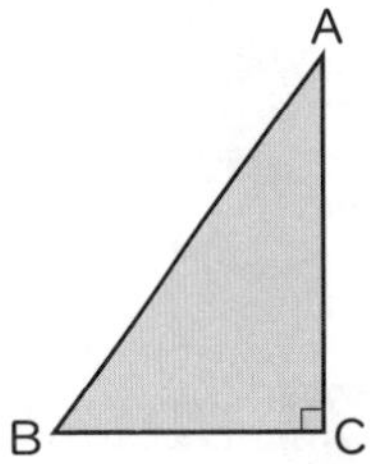

(1) 辺 AC を軸として，△ ABC を 1 回転させてできる回転体の表面積を求めなさい。〔京都—改〕

(2) 辺 BC を軸として，△ ABC を 1 回転させてできる回転体の体積を求めなさい。

よく出る **5** **[角錐の体積]** 底面が，縦 5 cm，横 9 cm の長方形で，深さが 4 cm の直方体の容器に水が満たしてある。右の図のように，この容器を傾《かたむ》けて，水面が頂点 A，B，C を通る平面になるように水をこぼした。このとき，容器に残った水の体積を求めなさい。ただし，容器の厚さは考えないものとする。（12点）〔埼玉〕

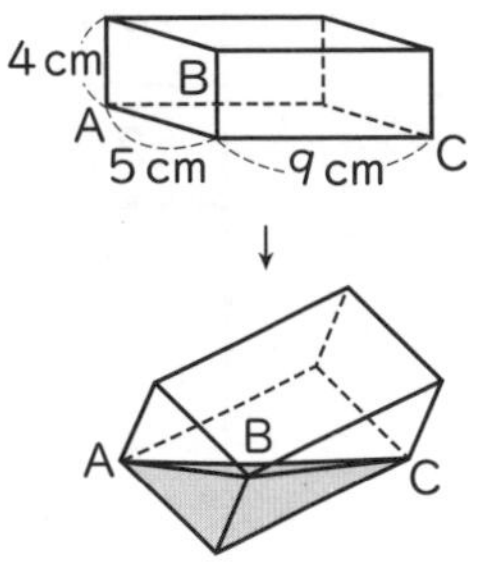

6 **[球の表面積・体積]** 次の球の表面積と体積を求めなさい。ただし，円周率は π とする。

（4点×4）

(1) 半径 2 cm

(2) 直径 6 cm

最後にこれだけ確認！

□ **立体の体積と表面積**

- 角柱・円柱の体積＝底面積×高さ
- 角錐・円錐の体積＝$\frac{1}{3}$×底面積×高さ
- 角柱・円柱，角錐・円錐の表面積は展開図で考えればよい。
- 半径 r の球の体積 V

  $V=\frac{4}{3}\pi r^3$
- 半径 r の球の表面積 S

  $S=4\pi r^2$

第9日

データの整理

月　　日

時間 30分
合格点 80点
得点　　点

解答 → 別冊 p.6

1 [度数分布表と累積《るいせき》度数] 下の表は，ある中学校の１年１組の生徒の通学時間を調べてまとめたものである。次の問いに答えなさい。(20点×3)

通学時間(分)	度数(人)	相対度数	累積度数(人)	累積相対度数
以上　未満 0 ~ 5	2	0.06	2	0.06
5 ~ 10	7			
10 ~ 15	5	0.14		
15 ~ 20		0.26		
20 ~ 25	6	0.17		
25 ~ 30	4	0.11		
30 ~ 35	0	0.00		
35 ~ 40	2	0.06	35	1.00
計	35	1.00		

(1) 表の空らんをうめなさい。

(2) 通学時間が長いほうから数えて６番目の生徒の通学時間は，何分以上何分未満ですか。

(3) 15分未満の生徒の人数は，全体の人数の何％にあたりますか。

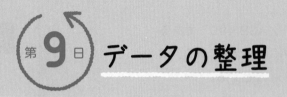

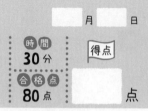

2 **[2つの資料の比較《ひかく》]** 右の表は，A校とB校の1年男子のハンドボール投げの結果をまとめたものである。この度数分布表をもとに，A校とB校とで，ハンドボールを30m以上投げた生徒の割合が，どちらが大きいかを調べるためには，何と何を比べればよいですか。正しいものを，次のア～エから1つ選び，記号で答えなさい。(10点)

階級(m)	A校	B校
	度数(人)	度数(人)
以上　未満 10 ～ 15	3	4
15 ～ 20	5	6
20 ～ 25	8	20
25 ～ 30	9	14
30 ～ 35	4	3
35 ～ 40	1	3
計	30	50

ア A校の平均値とB校の平均値

イ 記録が30m以上の階級におけるA校の度数の合計とB校の度数の合計

ウ 記録が30m以上の階級におけるA校の相対度数の合計とB校の相対度数の合計

エ 記録が30m以上35m未満の階級におけるA校の相対度数とB校の相対度数

3 **[ヒストグラムの設定]** 右の図1，図2はともに，ある中学校の1年2組の生徒のテストの結果のヒストグラムである。図1と図2を比べて，下の ㋐ ～ ㋒ にあてはまる数を入れ，文を完成させなさい。

(10点×3)

(図1)

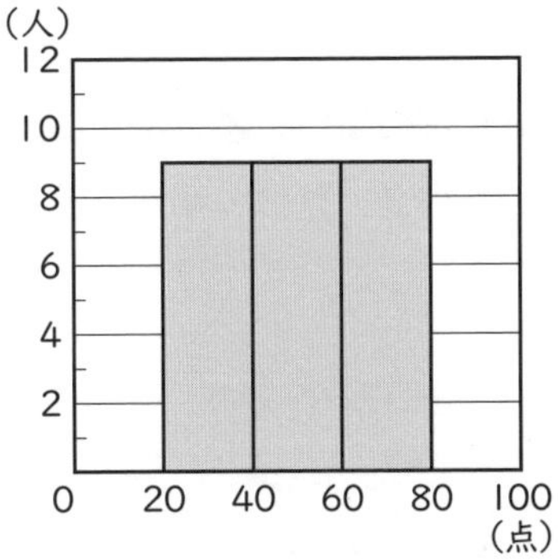

(図2)

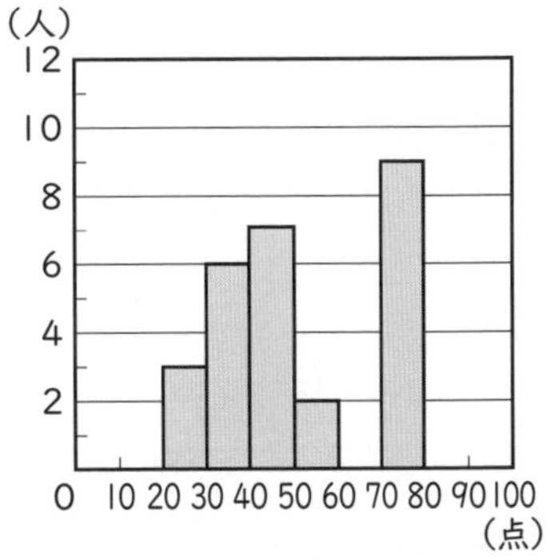

図1のように階級の幅《はば》を ㋐ 点にしてヒストグラムを作ったところ，3つの階級とも度数が9となり，度数の分布のばらつきが大きいとはいえないと思われる。
一方，図2のように階級の幅を ㋑ 点にしてヒストグラムを作ると，度数の分布の傾向《けいこう》が変わり，最頻《さいひん》値《ち》は ㋒ 点である。
同じ資料でも階級の幅が変わると，資料の分布の傾向の読み取り方がちがってくる場合がある。

最後にこれだけ確認！

□ 相対度数 $= \dfrac{\text{その階級の度数}}{\text{度数の合計}}$

□ **累積度数**…最小の階級から各階級までの度数の総和

□ **累積相対度数**…最小の階級から各階級までの相対度数の総和

第10日 仕上げテスト

時間 30分
合格点 75点
得点　　点

解答→別冊 p.6

1 **[数や式の計算]** 次の計算をしなさい。(6点×2)

(1) $\frac{5}{2}-\left(-\frac{3}{2}\right)\div\frac{3}{4}$　〔茨城〕

(2) $\frac{4x-5}{3}-\frac{x-3}{2}$

2 **[方程式]** 次の方程式を解きなさい。(6点×2)

(1) $2(x+2)-3(3-x)=x+3$

(2) $\frac{1}{2}x-1=\frac{x-2}{5}$　〔徳島〕

3 **[正の数・負の数，式の値]** 次の問いに答えなさい。(6点×2)

(1) 絶対値が3より大きく8より小さい整数の個数を答えなさい。

(2) $x=-4$ のとき，$-x-5$ の値を求めなさい。

4 **[度数分布表と累積《るいせき》度数]** 右の表は，あるクラスの生徒25人について，ある1か月に読んだ本の冊数をまとめたものである。表のアにあてはまる数を求めなさい。(6点)

階級(冊)	度数(人)	累積度数(人)	累積相対度数
以上　未満 0 ～ 5	10		
5 ～ 10	8		
10 ～ 15	2		ア
15 ～ 20	5		
計	25		

5 **[速さの問題]** 18 km あるサイクリングコースを，最初は自転車で時速 12 km で走り，途中《とちゅう》から自転車を押《お》して時速 4 km で歩いたので，2 時間かかった。このとき，自転車で走った道のりを求めなさい。(12点)〔長野―改〕

6 **[比例・反比例のグラフ]** 右の図のように，反比例のグラフと比例のグラフが 2 点 P，Q で交わっている。点 P の座標は (6，2) である。また x 軸《じく》上の点 R(3，0) を通り x 軸に垂直な直線が，反比例のグラフと交わる点を S とする。次の問いに答えなさい。(8点×3)

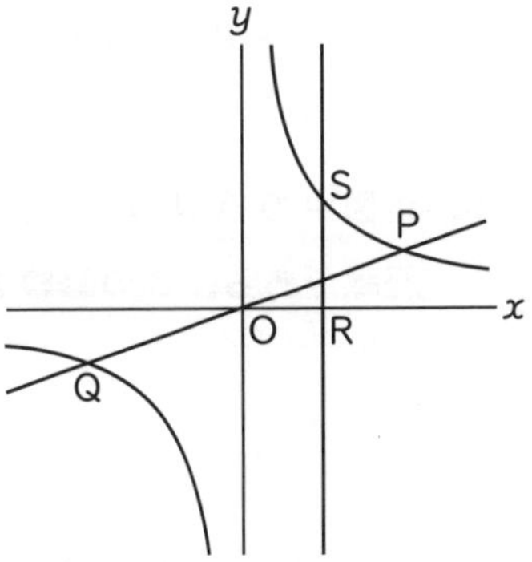

(1) 比例のグラフの式を求めなさい。

(2) 反比例のグラフの式を求めなさい。

(3) △OPS の面積を求めなさい。ただし，座標軸の 1 目盛りを 1 cm とする。

7 **[作図]** 右の図のように，線分 AB がある。このとき，AB を直径とする円 O を作図しなさい。ただし，円の中心 O を・で示し，作図に用いた線は消さずに残しておくこと。(10点)

〔富山〕

8 **[回転体の表面積と体積]** 右の図の図形を，直線 ℓ を軸として 1 回転させてできる立体の体積と表面積をそれぞれ求めなさい。ただし，円周率は π とする。(6点×2)

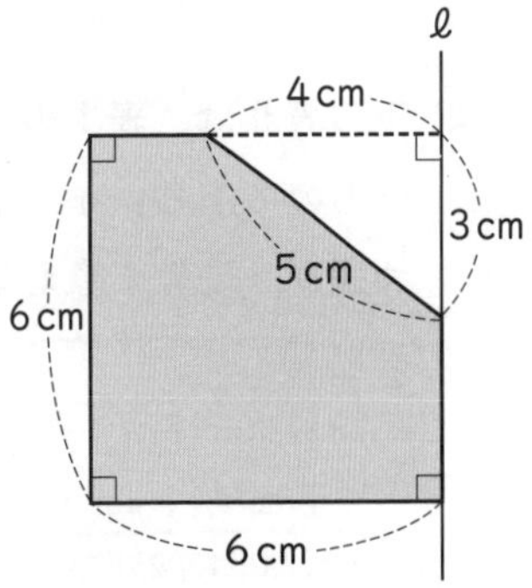

第1日 世界と日本のすがた

月　日

時間 30分
合格点 80点
得点　点

解答→別冊 p.8

よく出る **1** **[地球のすがた]** 次の略地図を見て，各問いに答えなさい。(6点×5)

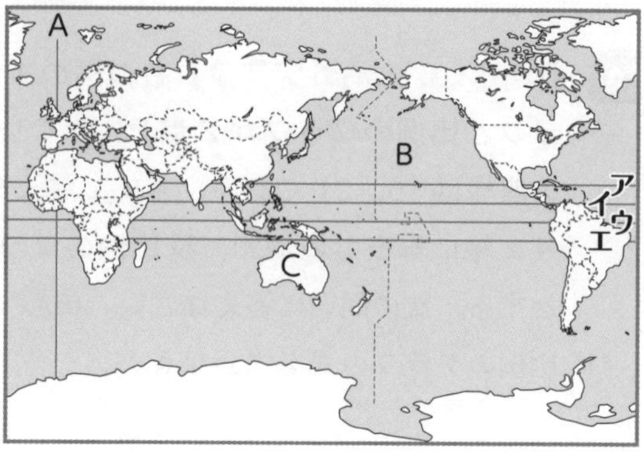

(1) 地図中の**ア**～**エ**のうち，赤道《せきどう》にあたるものを１つ選び，記号で答えなさい。 [　　]

(2) 地図中のAはロンドンを通る経度０度の経線である。この経線を何といいますか。 [　　]

(3) 地図中のBは三大洋の１つである。Bの海洋名を答えなさい。 [　　]

(4) 地図中のCは六大陸の１つである。Cの大陸名を答えなさい。 [　　]

(5) アフリカ大陸に直線的な国境線が多いのは，何を利用しているためか。次の**ア**～**エ**から１つ選び，記号で答えなさい。 [　　]

ア 宗教の違《ちが》い　**イ** 山や川など　**ウ** 地下資源の分布　**エ** 緯線《いせん》や経線

2 **[国々の特徴]** 次の表Ⅰは，主要８か国と，近年，経済発展している５か国を示したものである。これを見て，各問いに答えなさい。(5点×4)〔熊本―改〕

表Ⅰ

アメリカ合衆国《がっしゅうこく》，イギリス，イタリア，カナダ，ドイツ，日本，フランス，ロシア連邦《れんぽう》
インド，中国《ちゅうごく》，ブラジル，南アフリカ共和国，メキシコ

(1) 表Ⅰに示した国の中には，北アメリカ州に属する国が[X]か国ある。また，ロシア連邦は，アジア州と[Y]にまたがっている。[X]にあてはまる数字を答えなさい。また，[Y]にあてはまる州の名前を答えなさい。

X [　　] Y [　　]

(2) 下の表Ⅱは，表Ⅰの国のうち，人口が１億人以上の７か国について，人口と面積を示したものである。インドとロシア連邦にあたるものを，**表Ⅱ**の**ア**～**オ**からそれぞれ１つずつ選び，記号で答えなさい。 インド [　　] ロシア連邦 [　　]

表Ⅱ

	ア	イ	ウ	エ	オ	メキシコ	日本
人口(百万人)	216	1429	340	1426	144	128	123
面積(千 km^2)	8510	3287	9834	9600	17098	1964	378

(人口は2023年推計，面積は2021年)　(2023/24年版「世界国勢図会」など)

よく出る **3** **［日本の範囲］** 次の地図を見て，各問いに答えなさい。（7点×5）

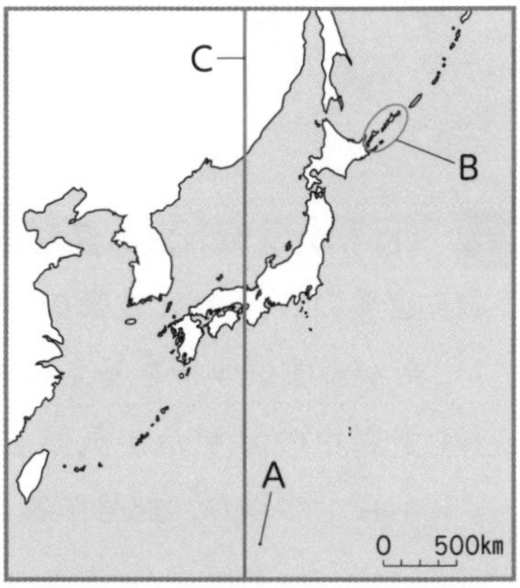

(1) 日本の南の端《はし》に位置するAの島について，各問いに答えなさい。

① Aの島を何というか，次のア～エから１つ選び，記号で答えなさい。〔　　〕

ア 小笠原《おがさわら》諸島　**イ** 与那国《よなぐに》島
ウ 沖ノ鳥《おきのとり》島　**エ** 南鳥《みなみとり》島

② Aの島では，波によって島が削《けず》られることを防ぐ護岸工事が行われた。この工事の目的について述べた次の文の［　　］にあてはまる語句を答えなさい。

> 海岸から200海里まで（領海を除く）の［　　］を確保するため。

〔　　〕

(2) 日本固有の領土であるBの島々について，各問いに答えなさい。

① Bの島々のことをまとめて何といいますか。〔　　〕

② Bの島々は，第二次世界大戦後から他の国に占拠《せんきょ》された状態が続いている。占拠している国の現在の国名を答えなさい。〔　　〕

(3) 地図中のCは，兵庫県明石市を通る経線を示している。Cの経度を，東経・西経を明らかにして答えなさい。〔　　〕

よく出る **4** **［時差］** 時差について，次の各問いに答えなさい。ただし，西部インドネシアの経度は東経105度とする。（5点×3）〔熊本〕

(1) 世界の多くの国々では，それぞれ基準になる経線を決めて，それに合わせた時刻を使って生活している。この時刻を何といいますか。〔　　〕

(2) 日本と西部インドネシアとの時差は何時間か答えなさい。〔　　〕

(3) 成田国際空港を日本の時間で午前11時20分に出発した飛行機が，西部インドネシアのスカルノ・ハッタ国際空港に現地時間で同じ日の午後5時20分に到着《とうちゃく》したとき，成田国際空港からスカルノ・ハッタ国際空港までの所要時間は，何時間か答えなさい。

〔　　〕

最後にこれだけ確認！

確認チェック

□ **世界のすがた**

0度の経線は**本初子午線**，0度の緯線は**赤道**という。

□ **日本の範囲《はんい》**

①日本の北の端は**択捉《えとろふ》島**，南の端は**沖ノ鳥島**，東の端は**南鳥島**，西の端は**与那国島**。

②**北方領土**は日本固有の領土だが，ロシア連邦に不法に占拠されている。

月　日

第2日 世界各地の人々の生活と環境

時間 30分　合格点 80点　得点　点

解答 → 別冊 p.8

よく出る 1 ［世界の気候］次の資料を見て，各問いに答えなさい。（10点×4）

(1) 世界の５つの気候帯のうち，資料中のAが示す気候帯を答えなさい。［　　］

(2) 資料中のBが示す気候を，次の**ア**～**エ**から１つ選び，記号で答えなさい。

［　　］

ア ツンドラ気候　**イ** 西岸海洋性気候
ウ サバナ気候　**エ** ステップ気候

(3) 資料中のCが示す気候の地域で見られる，地下水がわき出して水を得やすい場所を何といいますか。［　　］

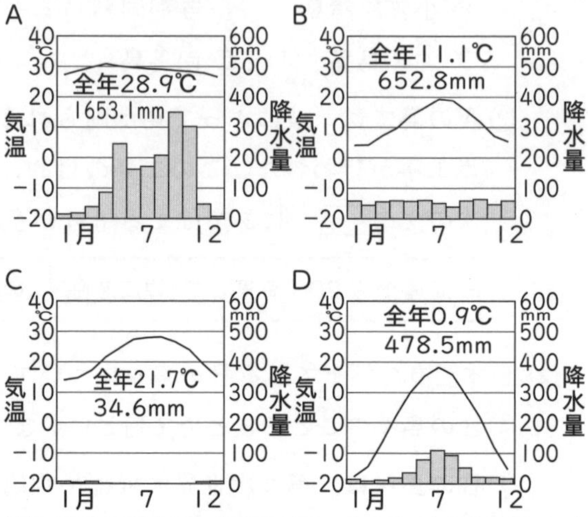

（折れ線は月平均気温，棒は降水量）（平成30年版「理科年表」）

(4) 資料中のDが属する気候で見られる自然環境《かんきょう》を，次の**ア**～**エ**から１つ選び，記号で答えなさい。［　　］

ア 砂漠《さばく》が広がっている。　**イ** 熱帯雨林が広がっている。
ウ たけの短い草原が広がっている。　**エ** 針葉樹林が広がっている。

よく出る 2 ［気候と住居］次のポスターを見て，各問いに答えなさい。（6点×3）〔大分〕

ポスターA

組み立て式のテントとなっている。家畜《かちく》などを連れて，水や草を求めて移動する［　　］民の生活に適している。

ポスターB

木造の高床《たかゆか》式住居となっている。風通しをよくして，暑さや湿気《しっけ》をやわらげるように工夫されている。

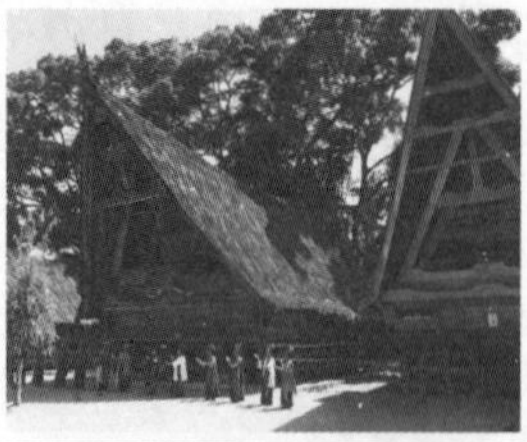

略地図

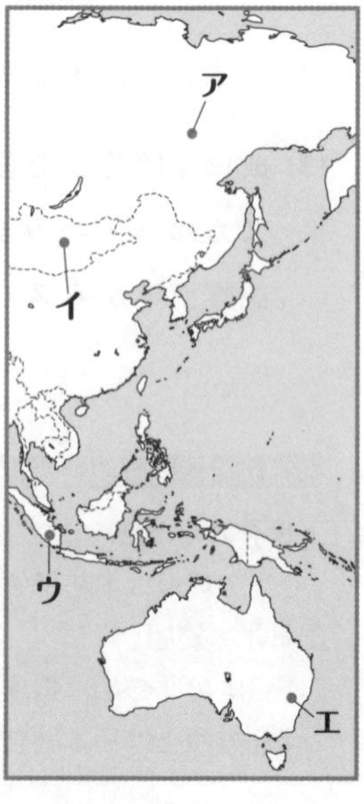

(1) ポスターA・Bの住居が見られる地域を，**略地図中のア**～**エ**から１つずつ選び，記号で答えなさい。A［　　］ B［　　］

(2) ポスターAの［　　］にあてはまる語句を，漢字２字で答えなさい。［　　］

3 [人々の生活と環境] 次の資料や略地図を見て，各問いに答えなさい。(8点×3)

(1) 資料Ⅰの服装が見られる地域を，略地図中のア～エから1つ選び，記号で答えなさい。

[　　　]

資料Ⅰ

資料Ⅱ

略地図

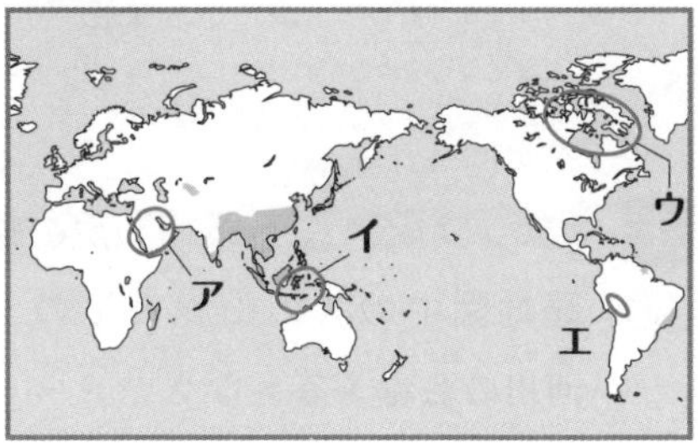

(2) 資料Ⅱの服装が見られる地域を，略地図中のア～エから1つ選び，記号で答えなさい。

[　　　]

(3) 略地図中の▭の地域で主に食べられている主食を，次のア～エから1つ選び，記号で答えなさい。 [　　　]

ア 米　　イ 小麦　　ウ いも類　　エ とうもろこし

4 [世界の宗教] 次のグラフを見て，各問いに答えなさい。(6点×3)

(1) グラフ中のAにあてはまる宗教名を答えなさい。

[　　　　　　]

(2) グラフ中のBの宗教について述べた文として適切でないものを，次のア～エから1つ選び，記号で答えなさい。 [　　　]

ア アルコールは飲まない。

イ 1日に5回聖地メッカに向かって礼拝《れいはい》する。

ウ 日曜日には教会に行く。

エ 1年に約1か月間，日中に断食《だんじき》を行う。

グラフ 世界の宗教別人口割合

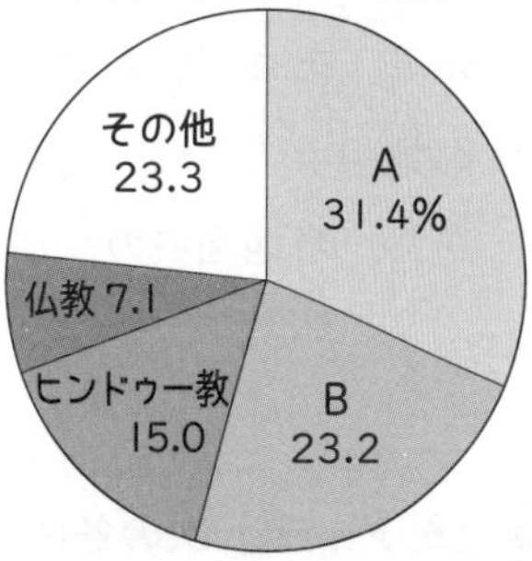

(2017年) (2017/18年版「世界国勢図会」)

(3) グラフ中のヒンドゥー教を主に信仰《しんこう》している国を，次のア～エから1つ選び，記号で答えなさい。 [　　　]

ア イタリア　　イ タイ　　ウ サウジアラビア　　エ インド

最後にこれだけ確認！

□ **世界の気候**

①世界の気候は，主に**熱帯**，**乾燥《かんそう》帯**，**温帯**，**冷帯**(**亜《あ》寒帯**)，**寒帯**に分けられる。

②日本の大部分は温帯の**温帯(温暖)湿潤《しつじゅん》気候**に属している。

□ **世界の宗教**

世界で最も信仰している人口が多いのは，**キリスト教**である。

第3日 アジア

月　日

時間 30分　合格点 80点　得点　点

解答→別冊 p.8

1 **[アジア州の自然環境]** 次の略地図と資料を見て，各問いに答えなさい。(5点×6)

(1) **略地図**中のXの山脈とYの河川《かせん》の名称《めいしょう》を答えなさい。

X〔　　　〕

Y〔　　　〕

略地図

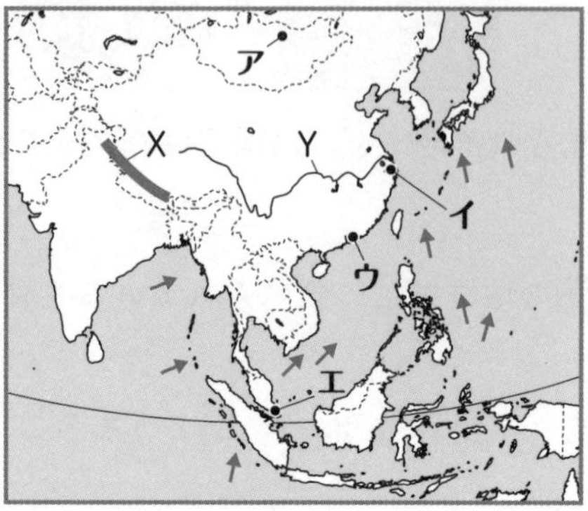

資料

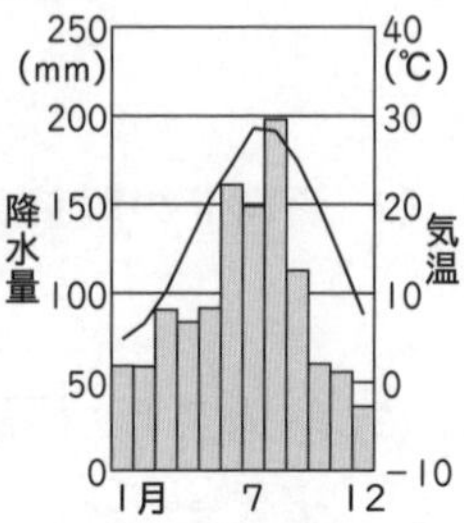

(平成30年版「理科年表」)

(2) **略地図**中のYの河川の中・下流域で主に行われている農業を，次の**ア**～**ウ**から1つ選び，記号で答えなさい。

ア 畑作　**イ** 稲作《いなさく》　**ウ** 遊牧　〔　　〕

(3) **資料**は，**略地図**中の**ア**～**エ**のうちのどの都市の雨温図を表したものか。**ア**～**エ**から1つ選び，記号で答えなさい。〔　　〕

(4) **略地図**中の→は，夏と冬で吹《ふ》く向きが変わる風を示している。この風を何といいますか。また，**略地図**中の→が吹く季節は，夏と冬のどちらですか。

風の名称〔　　　〕　季節〔　　〕

よく出る **2** **[東アジア]** 次の各問いに答えなさい。(6点×4)〔福井―改〕

(1) 中国《ちゅうごく》の人口の9割以上を占《し》める民族を何といいますか。

〔　　　〕

(2) 中国で1980年ごろから2015年まで行われていた，人口増加をおさえる政策を何といいますか。〔　　　〕

(3) 中国は，右の**資料**のように大まかにA地域・B地域に分けられる。特色について述べた文として適切でないものを，次の**ア**～**エ**から1つ選び，記号で答えなさい。〔　　〕

資料

ア 少数民族の分布地域はA地域で多く，B地域で少ない。

イ 工業のさかんな地域はA地域で多く，B地域で少ない。

ウ 米や小麦の収穫《しゅうかく》量はA地域で多く，B地域で少ない。

エ 人口はA地域で多く，B地域で少ない。

(4) 外国の資本や高度な技術を取り入れて工業の発展を図《はか》るため，1980年ごろにホンコン周辺などに設けられた地区を何といいますか。〔　　　〕

3 **［東南アジアの産業］** 次の各問いに答えなさい。(7点×4)〔佐賀—改〕

(1) フィリピンで主に信仰《しんこう》されている宗教を，次の**ア**～**エ**から１つ選び，記号で答えなさい。

ア 仏教　**イ** ヒンドゥー教　**ウ** イスラム教　**エ** キリスト教　［　　］

(2) 東南アジアの国々が1967年に設立した，東南アジア地域の安定をめざして政治や経済などで協力する国際組織を何といいますか。［　　　　］

(3) 次のグラフは，マレーシアの1977年と2016年の輸出品構成を比較《ひかく》したものである。グラフ中のXにあてはまるものを，あとの**ア**～**エ**から１つ選び，記号で答えなさい。なお，〔　　〕内の数字は輸出総額である。［　　］

ア 機械類　**イ** 綿花
ウ 石炭　**エ** 果実

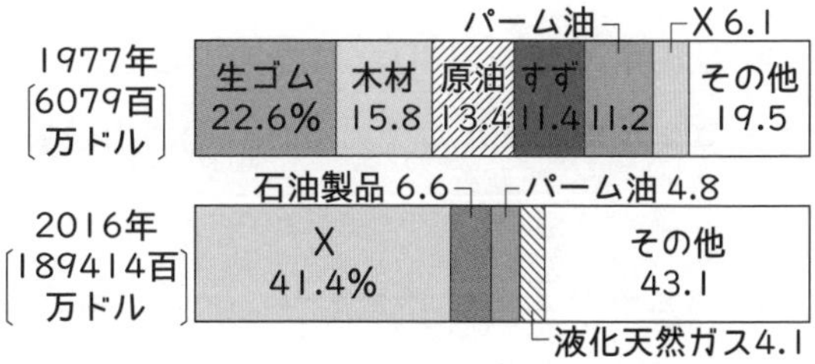

（2018/19年版「日本国勢図会」など）

(4) 東南アジアの国々では，かつては大規模な農園で，天然ゴムや油やしなどの作物が栽培《さいばい》されていた。第二次世界大戦前まで，主にヨーロッパ人が経営していたこのような農園を何といいますか。［　　　　］

4 **［南アジア，西アジア］** 次の略地図を見て，各問いに答えなさい。(6点×3)

(1) 略地図中の●で主に栽培されている農産物は何か，次の**ア**～**エ**から１つ選び，記号で答えなさい。［　　］

ア 綿花　**イ** 米　**ウ** 小麦　**エ** 茶

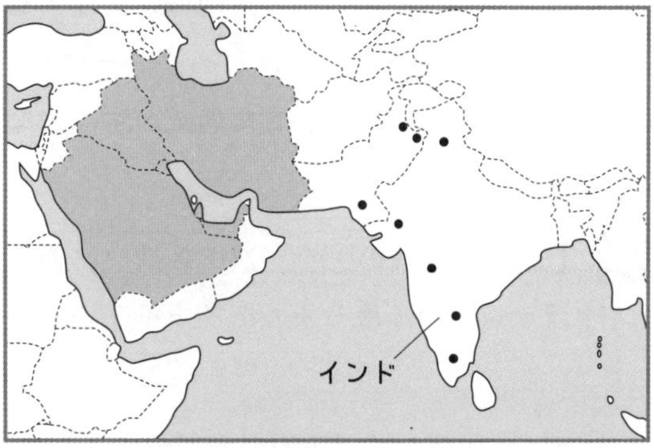

(2) 略地図中のインドで近年発達している，パソコンのソフトウェアやインターネットに関わる産業を何といいますか。［　　　　］

(3) 略地図中の▭の国々は，産油国の利益を守り，経済を発展させるために1960年に設立された国際組織の加盟国である。この国際組織の略称《りゃくしょう》を何といいますか。［　　　　］

最後にこれだけ確認！

□ **東アジア**
中国は，東部と西部の**経済格差**が問題となっている。

□ **東南アジア・南アジア・西アジア**
①東南アジアの地域統合のための国際組織は，**東南アジア諸国連合(ASEAN)**。
②産油国の利益を守るために1960年に設立された国際組織は，**石油輸出国機構(OPEC)**。

月　日

第4日 ヨーロッパ・アフリカ

時間 30分
合格点 80点
得点　点

解答→別冊p.9

1 **[ヨーロッパの自然と社会]** 次の地図を見て，各問いに答えなさい。(5点×6)〔佐賀―改〕

(1) 地図中のXの半島で見られる，氷河《ひょうが》によって削《けず》られた谷に水が浸入《しんにゅう》してできた地形を何といいますか。
〔　　　　　　〕

(2) 地図中のYの河川《かせん》は，国際河川として人や物資の移動に大きな役割を果たしている。この河川の名称《めいしょう》を答えなさい。
〔　　　　　　〕

(3) 地図中のZの山脈を含《ふく》み，アジアまで連なる造山帯を何といいますか。〔　　　　　　〕

(4) 地図中の●は，「ある農産物」の主な栽培《さいばい》地を表している。この農産物にあてはまるものを次の**ア**～**エ**から１つ選び，記号で答えなさい。〔　　〕

ア 天然ゴム　**イ** 小麦　**ウ** オリーブ　**エ** さとうきび

(5) 地図中の▒で示した地域に居住する主な民族は何系の民族ですか。〔　　　　　　〕

(6) フランスやドイツをはじめ，ヨーロッパの多くの国々では，穀物《こくもつ》や飼料作物の栽培と家《か》畜《ちく》の飼育を組み合わせた農業が中心となっている。このような農業を何といいますか。
〔　　　　　　〕

よく出る **2** **[ヨーロッパの国々]** 次の各問いに答えなさい。(6点×5)〔佐賀―改〕

(1) ヨーロッパで最も多く信仰《しんこう》されている宗教を何といいますか。
〔　　　　　　〕

(2) EUに加盟している国の大部分で使用されている，共通の通貨の名称《めいしょう》をカタカナで答えなさい。〔　　　　　　〕

(3) 次の説明にあてはまる国名を，あとの**ア**～**エ**からそれぞれ１つ選び，記号で答えなさい。
①〔　　〕②〔　　〕③〔　　〕

① EU諸国のうち最大の農業国で，小麦をはじめとする穀物など多くの農産物を他のEU諸国などに輸出している。

② EU諸国のうち最大の工業国で，ルール工業地域などで重工業がさかん。近年は，航空機生産などの先端《せんたん》技術産業が発達した。

③ ポルダーと呼《よ》ばれる干拓《かんたく》地が広がっており，チーズやバターなどの乳製品を生産する酪農《らくのう》がさかんである。

ア ノルウェー　**イ** ドイツ　**ウ** フランス　**エ** オランダ

3 **[アフリカの国々]** 次の地図を見て，各問いに答えなさい。(6点×4)〔鳥取〕

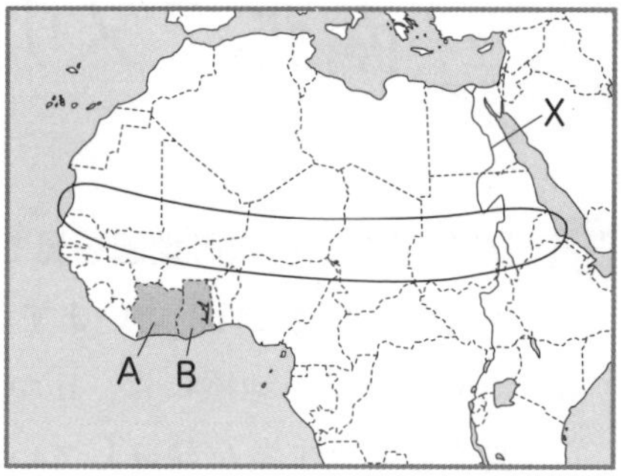

(1) 地図中のXは，世界で最も長い河川である。この河川の名称を答えなさい。 [　　　　]

(2) 地図に◯で示した地域は，砂漠《さばく》化がいちじるしい。この地域を何といいますか。

[　　　　]

(3) アフリカ州の多くの国の経済は，特定の農産物や鉱産資源の輸出に頼《たよ》っている。このような経済を何といいますか。 [　　　　]

(4) 右のグラフは，ある農作物の世界の総輸出量に占《し》める各国の割合を表している。この農産物は何ですか。(グラフの中のA，B国は地図中のA，B国である。)

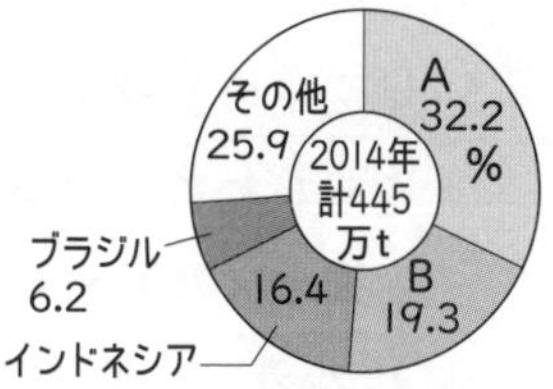

(2017/18年版「世界国勢図会」)

[　　　　]

4 **[ヨーロッパ・アフリカ]** 次の各問いに答えなさい。(8点×2)〔熊本〕

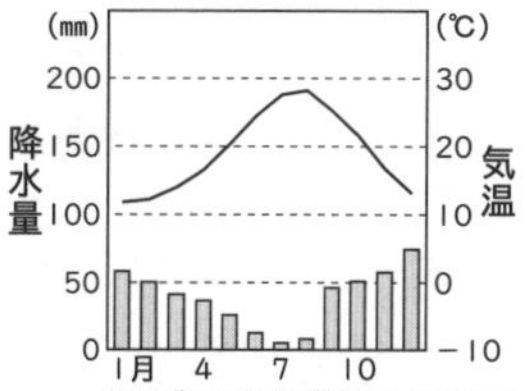

(平成30年版「理科年表」)

(1) 右の雨温図は，下の地図中のXの都市の気温と降水量を示したものである。地図中の北アフリカの▢で示した地域が属する気候帯とその特色として正しいものを，次の**ア**～**エ**から1つ選び，記号で答えなさい。 [　　]

ア 冷帯に属し，針葉樹林が広がっている。

イ 乾燥《かんそう》帯に属し，砂漠《さばく》が広がっている。

ウ 熱帯に属し，マングローブが広がっている。

エ 温帯に属し，オリーブ畑が広がっている。

(2) 次の表は，日本と地図中のA～Eのいずれかの国を比較《ひかく》したものである。表中の▢にあてはまる国を1つ選び，記号で答えなさい。 [　　]

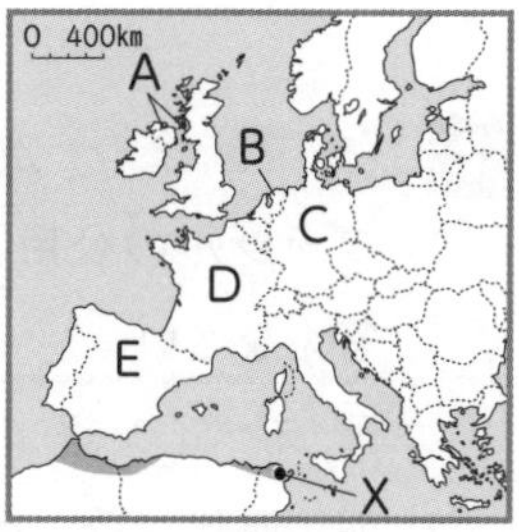

表

	面積(万km²)	総発電量(億kWh)	原子力による発電量の割合(%)	穀物自給率(%)
日本	37.8	10905	0.9	28
▢	55.2	5723	74.0	190

(2013年)　　(2017/18年版「世界国勢図会」など)

最後にこれだけ確認！

☐ **ヨーロッパの農業**

①**地中海式農業**では，夏に果樹，冬に小麦を栽培する。

②**混合農業**は，穀物栽培と家畜の飼育を組み合わせた農業。

③**酪農**は，ヨーロッパ北部やアルプス山脈周辺でさかん。

第5日 南北アメリカ・オセアニア

時間 30分
合格点 80点
得点　点

解答 → 別冊 p.9

よく出る **1** **[北アメリカ]** 次の地図を見て，各問いに答えなさい。(5点×6)〔沖縄一改〕

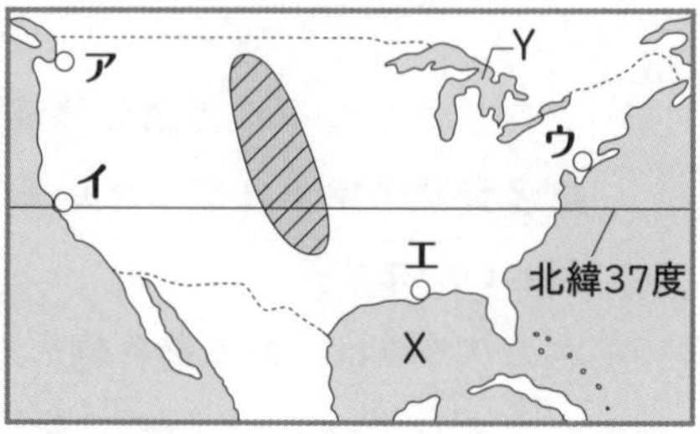

(1) 地図中のX湾《わん》を何といいますか。〔　　　〕

(2) 地図中のYの地域には，5つの湖が広がり，製鉄業や自動車工業が発達していた。これらの湖をまとめて何といいますか。〔　　　〕

(3) 地図中の斜線《しゃせん》で示された地域は，よく肥えた黒土におおわれている。この地域で栽培《さいばい》される主な農産物を次の**ア**～**エ**から1つ選び，記号で答えなさい。〔　　　〕

ア 小麦　**イ** 綿花　**ウ** オレンジ　**エ** 天然ゴム

(4) 次の文にあてはまる都市を，地図中の**ア**～**エ**から1つ選び，記号で答えなさい。〔　　　〕

> アメリカを代表する太平洋岸最大の都市で，この都市の郊外《こうがい》にあるシリコンバレーでは，先端《せんたん》技術産業がさかんである。

(5) アメリカの北緯《ほくい》37度付近より南の地域は，温暖で地価が安いことなどから，工業がさかんである。この地域を何といいますか。〔　　　〕

(6) 次の文は何について説明したものか。その用語を答えなさい。〔　　　〕

> アメリカで行われている，気候や地形といった自然条件を生かし，その土地に最も適した農作物を栽培する農業のやり方。

2 **[南アメリカ]** 次の地図を見て，各問いに答えなさい。(4点×4)〔兵庫〕

(1) ブラジルの公用語を次の**ア**～**ウ**から1つ選び，記号で答えなさい。〔　　　〕

ア スペイン語　**イ** 英語　**ウ** ポルトガル語

(2) 明治時代以降，南アメリカなどの国々へ移住した日本人の子孫を何といいますか。〔　　　〕

(3) ブラジルに関して述べた次の文のX，Yにあてはまる語句を，それぞれ4字で答えなさい。

地図中の[　X　]川流域では，道路や農地を切り開くなどの大規模な開発による[　Y　]の伐採《ばっさい》により，野生動物の絶滅《ぜつめつ》，洪水《こうずい》，森林資源の枯渇《こかつ》などの環境破壊《かんきょうはかい》が問題となっている。　X〔　　　〕　Y〔　　　〕

3 ［南北アメリカ］次の各問いに答えなさい。(6点×3)

(1) 右の資料は，小麦，大豆，コーヒー豆の国別輸出量割合で，資料中のA～Cには，アメリカ合衆国《がっしゅうこく》，カナダ，ブラジルのいずれかがあてはまる。A～Cにあてはまる国の組み合わせとして正しいものを，次のア～エから１つ選び，記号で答えなさい。〔　　　〕

ア A―アメリカ合衆国，B―カナダ，C―ブラジル
イ A―アメリカ合衆国，B―ブラジル，C―カナダ
ウ A―カナダ，B―アメリカ合衆国，C―ブラジル
エ A―カナダ，B―ブラジル，C―アメリカ合衆国

資料

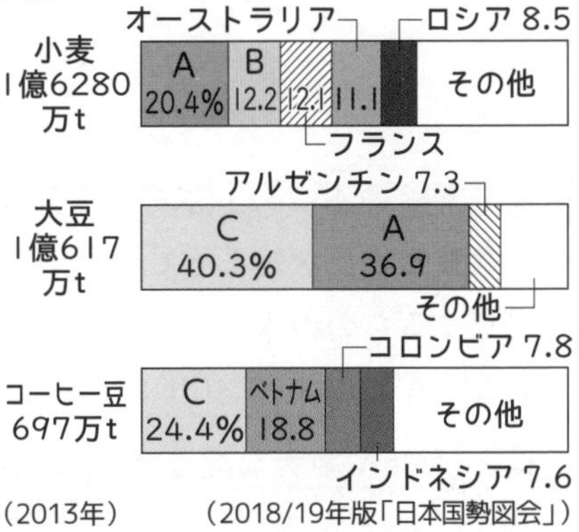

(2013年)　(2018/19年版「日本国勢図会」)

(2) メキシコや中央アメリカ，西インド諸島などからアメリカ合衆国へ移住した，スペイン語を話す人々を何といいますか。〔　　　〕

(3) ブラジルでは，さとうきびなどを原料とした環境にやさしい燃料が普及《ふきゅう》している。この燃料を何といいますか。〔　　　〕

4 ［オセアニア］オーストラリアについて，各問いに答えなさい。(6点×6)〔青森―改〕

(1) オーストラリアをかつて植民地支配していた国の名称《めいしょう》を答えなさい。〔　　　〕

(2) オーストラリアで，1970年代まで行われていた白人以外の移民を制限する政策を何といいますか。〔　　　〕

(3) オーストラリアとニュージーランドの先住民をそれぞれ何といいますか。

オーストラリア〔　　　〕　ニュージーランド〔　　　〕

(4) 右の表は，日本のオーストラリアとの主な貿易品を示したものである。資料中の a にあてはまる鉱産資源名を，次のア～エから１つ選び，記号で答えなさい。〔　　　〕

ア 銅鉱　イ 石油　ウ 銀　エ 石炭

輸出品	%	輸入品	%
自動車	44.7	a	36.7
石油製品	14.4	液化天然ガス	27.9
機械類	13.0	鉄鉱石	12.8
タイヤ・チューブ	2.9	肉類	4.8

(2017年)　(2018/19年版「日本国勢図会」)

(5) 右の地図中の▲は，オーストラリアにおけるある鉱産資源の分布を示したものである。この鉱産資源は何か。次のア～エから１つ選び，記号で答えなさい。〔　　　〕

ア 天然ガス　イ 鉄鉱石　ウ ボーキサイト　エ ウラン

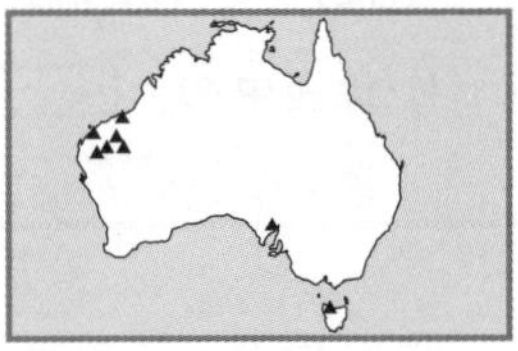

最後にこれだけ確認！

□ 南北アメリカ
①アメリカ合衆国の**サンベルト**は情報技術産業がさかん。
②ブラジルは，植民地時代にコーヒー豆の大農場が多くつくられた。

□ オセアニア
オーストラリアは，かつてイギリスの植民地だった。近年は，アジア州からの移民が増加。

第6日 文明のおこりと日本

月　　日

時間 30分
合格点 80点
得点　　点

解答→別冊p.10

1 **[文明のおこり]** 次の文を読んで，各問いに答えなさい。(6点×5)

農耕《のうこう》と牧畜《ぼくちく》が始まると人々の生活は安定し，人口も増加した。やがて，神を祭り，人々を指導するものの中から，富と権力を手にして人々を支配する王が出現した。穀物栽培《こくもつさいばい》のさかんな［ A ］川，aチグリス川・ユーフラテス川，インダス川，黄河《こうが》，長江《ちょうこう》などの大河《たいが》流域では，b都市や巨大《きょだい》な建造物，c文字，金属器がつくられ，人類の文明が始まった。

(1) 文中の［ A ］の河川《かせん》は，現在のエジプトに河口がある。この河川の名称《めいしょう》を答えなさい。
［　　　　　］

(2) ［ A ］川流域につくられた，巨大な石づくりの国王の墓を何と呼《よ》んでいますか。
［　　　　　］

(3) 下線部aについて，この２つの川にはさまれた地域は，現在何という国になっているか。次のア～エから１つ選び，記号で答えなさい。［　　］

ア イスラエル　**イ** トルコ　**ウ** イラク　**エ** アフガニスタン

(4) 下線部bについて，モヘンジョ=ダロなどの整備された道路や水道などをもつ都市がつくられた文明を何といいますか。［　　　　　］

(5) 下線部cについて，黄河や長江の流域では，現在の漢字のもととなる文字がつくられていた。この文字を何といいますか。［　　　　　］

よく出る **2** **[2世紀の世界]** 次の地図は，２世紀の世界のようすである。これを見て，各問いに答えなさい。(6点×3)

(1) 地図中の，［　　］にあてはまる国の名を答えなさい。［　　　］

(2) 地図中のシルクロードを通って，西方から東方へ運ばれたものを，次のア～エから１つ選び，記号で答えなさい。［　　］

ア 絹織物　**イ** 石器　**ウ** 儒教《じゅきょう》　**エ** 仏教

(3) 地図中に〰〰〰で示した建造物は，北方の遊牧民の侵入《しんにゅう》を防ぐためにつくられたものである。これは何と呼ばれているものですか。［　　　　　］

よく出る **3** **[縄文時代]** 次の各問いに答えなさい。(6点×2)〔神奈川〕

(1) 縄文《じょうもん》時代について述べた文として最も適切なものを，次の**ア**～**エ**から１つ選び，記号で答えなさい。〔　　〕

ア 巨大な前方後円墳《ぜんぽうこうえんふん》がつくられた。　**イ** 収穫《しゅうかく》した稲《いね》は高床《たかゆか》の倉庫に蓄《たくわ》えられた。

ウ 青銅器や鉄器が使われた。　**エ** 当時の海岸や水辺に貝塚ができた。

(2) 縄文時代に，女性などをかたどり，自然の豊かな恵《めぐ》みなどを祈《いの》ってつくられたものを何というか。次の**ア**～**エ**から１つ選び，記号で答えなさい。〔　　〕

ア 銅鐸《どうたく》　**イ** はにわ　**ウ** 土偶《どぐう》　**エ** 金印

よく出る **4** **[弥生時代]** 次の文を読んで，各問いに答えなさい。(5点×4)

[a]はもとは百余りの国に分かれていたが，現在は約30か国である。その中の b邪馬《やま》台国《たいこく》はもとは男の王が治めていたが，戦乱が続いたので，国々が共同して c女王を立てた。女王は神に仕え，人々の心をひきつける不思議な力をもっていた。

(1) 上の文は，何という中国の歴史書の記事の一部をまとめたものか。次の**ア**～**エ**から１つ選び，記号で答えなさい。〔　　〕

ア 漢書地理志《かんじょちりし》　**イ** 後漢書東夷伝《ごかんじょとういでん》　**ウ** 魏志倭人伝《ぎしわじんでん》　**エ** 宋書倭国伝《そうじょわこくでん》

(2) [a]にあてはまる，当時の日本の名称《めいしょう》を，漢字１字で答えなさい。〔　　〕

(3) 下線部bの国があった時代に使われた土器を何といいますか。〔　　〕

(4) 下線部cの女王の名を答えなさい。〔　　〕

5 **[古墳と国家の形成]** 次の各問いに答えなさい。(10点×2)〔静岡〕

(1) 右の図は，古墳の模式図である。図のような形式の古墳は，その形から何と呼ばれるか。その名称を答えなさい。〔　　〕

上から見た模式図

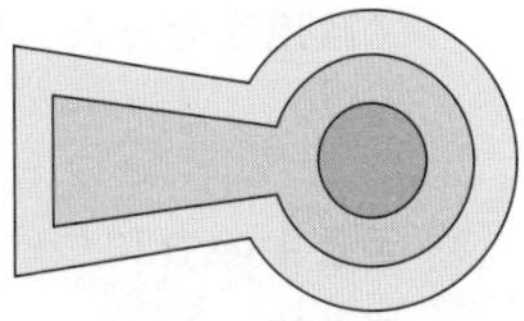

記述式 (2) 大和《やまと》地方(奈良県)を中心とする地域には，図のような形式の大規模な古墳が見られることから，古墳がつくられた当時のこの地域の社会について，どんなことが考えられるか。簡単に説明しなさい。

〔　　〕

横から見た模式図

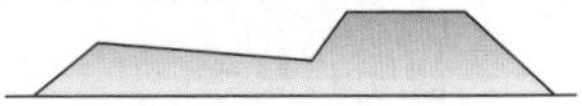

最後にこれだけ確認！

□ **文明のおこり**

古代文明は，大河の流域でおこり，それぞれ独自の文字が使われた。

□ **弥生時代**

稲作が広まったことで，身分の差が生まれ，**邪馬台国**などさまざまな国がつくられた。

第7日

古代国家の展開

月　日

時間 30分
合格点 80点

得点　　点

解答→別冊p.11

よく出る **1** **[中国の統一]** 次の文を読んで，各問いに答えなさい。(4点×4)

6世紀の末，南北に分かれていた中国を統一したのは[A]である。[A]は，中国の南北をつなぐ大運河を開き，領土を拡大しようとした。しかし，a朝鮮《ちょうせん》半島遠征《えんせい》の失敗や，兵役や重税に苦しむ人々の反乱により勢いは衰《おとろ》え，7世紀の初めに滅亡《めつぼう》した。これに代わって中国に強大な国家を築いたのが[B]である。[B]は，b国内を治めるための法律を定め，これに基づいて中央・地方の役所のしくみを整えた。

(1) [A]，[B]にあてはまる王朝名を，それぞれ答えなさい。　A[　　　]　B[　　　]

(2) 下線部aについて，右の略地図は6世紀末ごろの朝鮮半島のようすである。略地図中の[X]にあてはまる国の名を答えなさい。

[　　　　]

(3) 下線部bについて，この法律は，新羅《しらぎ》《シルラ》や日本にも受け入れられた。この法律を何というか。漢字2字で答えなさい。　[　　　　]

2 **[飛鳥時代の政治と文化]** ある人物に関する次の年表を見て，各問いに答えなさい。

(6点×7)

年代	主なできごと
574	用明天皇《ようめいてんのう》の皇子として誕生する
587	[A]らとともに物部《もののべ》氏をたおす
593	皇太子・摂政《せっしょう》となる……………………… a
603	冠位十二階《かんいじゅうにかい》を定める………………………… b
604	[B]を定める
607	法隆寺《ほうりゅうじ》が完成する……………………… c
	中国に使者を送る……………………… d
622	斑鳩《いかるが》宮で没《ぼっ》する

(1) この年表はだれに関するものか。その人物名を答えなさい。　[　　　　]

(2) [A]にあてはまる，この人物と協力して政治を行った人物名を答えなさい。

[　　　　]

(3) 年表中のaについて，このときの天皇の名を答えなさい。　[　　　　]

記述式 (4) 年表中のbについて，その目的を簡単に説明しなさい。

[　　　　　　　　　　　　　　　　　　　　]

(5) [B]には「一に曰《いわ》く，和をもって貴《たっと》しとなし，さからうことなきを宗《むね》とせよ」で知られる役人の心得があてはまる。何と呼《よ》ばれるものか答えなさい。　[　　　　]

(6) 年表中のcについて，法隆寺《ほうりゅうじ》に代表されるこの時代の文化を何といいますか。

[　　　　]

(7) 年表中のdについて，このとき中国に送られた使者の名を答えなさい。　[　　　　]

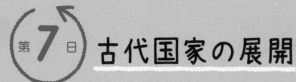

よく出る **3** **[古代国家の展開]** 次の文を読んで，各問いに答えなさい。(6点×7)〔北海道―改〕

A. 701 年，a大宝律令《たいほうりつりょう》が制定され，b大化《たいか》の改新で示された天皇に権力を集中する国家の建設は，一応の完成をみた。

B. 710 年，新たにつくられた平城京《へいじょうきょう》に都が移され，c奈良《なら》時代が始まった。

C. 794 年，桓武《かんむ》天皇によって都が平安京《へいあんきょう》に移され，d平安時代が始まった。

(1) 下線部 a について，右の表は律令による税のしくみを示している。①，②にあてはまる税の名《めい》称《しょう》を答えなさい。

名称	課税対象	税の内容
租《そ》	6 歳《さい》以上の男女	稲《いね》(収穫《しゅうかく》の約 3 % に相当)
①	17 歳以上の男子	絹，麻布《あさぬの》，魚介類《ぎょかいるい》などの特産物
②	21 歳以上の男子	労役のかわりとして麻布

①〔　　〕 ②〔　　〕

(2) 下線部 b の中心人物で，のちに藤原姓《ふじわらせい》を与えられたのはだれですか。〔　　〕

(3) 下線部 c について，次の問いに答えなさい。

① この時代の日本と，中国や朝鮮半島との関係について述べた文として正しいものを，次の**ア**～**エ**から 1 つ選び，記号で答えなさい。〔　　〕

ア くり返し遣唐使《けんとうし》を派遣し，唐の制度や文化をとり入れた。

イ 大陸から渡来《とらい》した人々の中には漢字を使って朝廷《ちょうてい》の記録をつくるものもいた。

ウ 遣唐使の派遣が停止され，仮名文字などの日本独自の文化が発達してきた。

エ 邪馬台国《やまたいこく》の女王であった卑弥呼《ひみこ》が中国に使いを送って，印や鏡をさずかった。

② この時代に，班田収授法《はんでんしゅうじゅ》に基づいて，6 歳以上の男女に与えられた土地を何といいますか。〔　　〕

③ この時代に，聖武《しょうむ》天皇は仏教に頼《たよ》って伝染病や災害などから国家を守ろうとした。聖武天皇に招かれて，正しい仏教の教えを広めるために来日した僧《そう》はだれか。次の**ア**～**エ**から 1 つ選び，記号で答えなさい。〔　　〕

ア 行基《ぎょうき》　**イ** 空海《くうかい》　**ウ** 鑑真《がんじん》　**エ** 最澄《さいちょう》

(4) 下線部 d について，次の**ア**～**ウ**は，この時代のできごとである。年代の古いものから順に並べかえ，記号で答えなさい。〔　→　→　〕

ア 藤原氏が摂政や関白《かんぱく》の地位を独占《どくせん》して政治を行った。

イ 白河《しらかわ》天皇は，譲位《じょうい》した後も上皇として政治を行った。

ウ 桓武天皇が班田収授に力を入れるなど，律令政治の立て直しをはかった。

最後にこれだけ確認！

□ **飛鳥《あすか》時代の政治と文化**

聖徳太子は，天皇中心の政治をめざした。

□ **古代国家の展開**

古代には，戸籍《こせき》をもとに**口分田**《くぶんでん》が与えられ，**租・調《ちょう》・庸《よう》**といった税が徴収《ちょうしゅう》された。

月　　日

第8日 武家政治の展開

時間 30分
合格点 80点
得点　　点

解答→別冊 p.11

1 **[平氏の政治]** 次の文を読んで，各問いに答えなさい。(6点×3)

ₐ1156年，上皇と天皇があとつぎをめぐって対立，これに貴族の争いも加わって，都で戦乱がおこった。この戦乱は天皇方の勝利に終わったが，源氏《げんじ》や平氏《へいし》など武士団の活躍《かつやく》が大きく，その後の平治《へいじ》の乱にも勝利した平清盛《たいらのきよもり》は，政治の上でも力をふるうようになった。

平清盛は太政大臣《だいじょうだいじん》となり，一族を朝廷《ちょうてい》の高官につけるとともに，多くの□を支配するようになった。また，清盛は b中国との貿易の利益にも目をつけ，瀬戸内海航路を整備したり，大輪田泊《おおわだのとまり》を修築したりした。

(1) 文中の□には，当時の貴族や寺社の私有地があてはまる。この私有地は何と呼《よ》ばれていたか答えなさい。　〔　　　〕

(2) 下線部aの戦乱を何というか答えなさい。　〔　　　〕

(3) 下線部bについて，当時の中国を支配していた王朝の名を答えなさい。　〔　　　〕

よく出る **2** **[鎌倉幕府と室町幕府]** 次の各問いに答えなさい。(8点×3)〔茨城—改〕

(1) 鎌倉幕府《かまくらばくふ》で将軍を補佐《ほさ》し，後に政治の中心となった役職は何ですか。　〔　　　〕

(2) 次の文は，鎌倉時代の将軍と武士について述べたものである。AとBの空欄《くうらん》にあてはまる語句の組み合わせを下の**ア**～**エ**から1つ選び，記号で答えなさい。　〔　　　〕

将軍と主従関係を結んだ武士を［ A ］といった。［ A ］は，将軍から先祖伝来の所領《しょりょう》の支配を保障されたり，新たな所領をあたえられたりといった［ B ］を受けたのに対し，京都や鎌倉を交代で守り，戦いがおこれば「いざ鎌倉」と一族を率いて戦った。

ア A—御家人《ごけにん》　B—奉公《ほうこう》　**イ** A—御家人　B—御恩《ごおん》
ウ A—武士団　B—奉公　**エ** A—武士団　B—御恩

(3) 次の**ア**～**エ**のできごとを年代の古い順に並べかえ，記号で答えなさい。

〔　　→　　→　　→　　〕

ア 将軍足利義政《あしかがよしまさ》のときにおこり，11年にわたって京都を中心に戦われたため，皇居や貴族・武家の屋敷《やしき》などが焼失した。

イ 元《げん》軍は，高麗《こうらい》の軍勢もあわせた大軍で北九州に攻《せ》め入ったが，暴風雨により大損害を受けて引きあげた。

ウ 源実朝《みなもとのさねとも》が暗殺されたのを好機とみた後鳥羽《ごとば》上皇らは，幕府をたおして朝廷の力をとりもどそうとして兵を挙《あ》げたが，幕府軍の前に敗れ去った。

エ 足利尊氏《たかうじ》が京都に新たな天皇を立て，後醍醐《ごだいご》天皇は吉野に朝廷を移したので，2つの朝廷が対立し，全国的な争乱となった。

よく出る **3** **［鎌倉・室町時代の農村］** 次の各問いに答えなさい。（5点×2）〔栃木〕

(1) 次の文は，鎌倉時代における稲作《いなさく》など農業の工夫《くふう》について述べたものである。文中の□にあてはまる語句を答えなさい。〔　　　〕

早くから開発の進んだ近畿《きんき》地方などでは，稲《いね》と麦の□が行われるようになった。また，耕作に牛馬や鉄製の農具が普及《ふきゅう》し，草木の灰などが肥料として使われた。〔岩手〕

(2) 右の史料は，京都を中心に各地の農村に広がった土《つち》《ど》一揆《いっき》に関する碑《ひ》文の内容を現代語に訳したものである。当時の社会のようすについて述べた次の文中の A ， B にあてはまる語の組み合わせとして正しいものを下のア～エから１つ選び，記号で答えなさい。〔　　　〕

> 正長《しょうちょう》元年以前については、神戸《かんべ》四か郷に負債は存在しない

農村では，有力農民の指導の下で A と呼《よ》ばれる自治的な組織がつくられた。団結を固めた農民は，土一揆をおこし，年貢《ねんぐ》を減らすよう領主と交渉《こうしょう》したり，高利貸しを営む B や酒屋などを襲《おそ》ったりした。

ア A―座《ざ》　B―馬借《ばしゃく》　**イ** A―座　B―土倉《どそう》
ウ A―惣《そう》　B―馬借　**エ** A―惣　B―土倉

4 **［鎌倉幕府の衰え］** 次の各問いに答えなさい。（8点×3）

(1) 1274年，元が高麗とともに九州北部に攻めてきた。このときの元の皇帝《こうてい》の名を答えなさい。〔　　　〕

(2) 右の史料は，1297年に幕府が出した法令の一部である。□にあてはまる語句を答えなさい。〔　　　〕

史料　永仁《えいにん》の□

> 一　質入れや売買した土地について
> 所領《しょりょう》を質に入れて流したり，売買したりすることは，御家人たちが落ちぶれるもとであるので，今後はいっさいやめよ。すでに売買された所領は，もとの所有者に返すこと。（以下略）

(3) 鎌倉幕府を滅《ほろ》ぼした後醍醐天皇は，武士の政治を否定し，天皇中心の政治を行った。この政治を何といいますか。〔　　　〕

5 **［鎌倉・室町時代の文化］** 次の人物に関係の深いことがらを，下のア～クからそれぞれ選び，記号で答えなさい。（6点×4）

(1) 運慶《うんけい》〔　　　〕　(2) 雪舟《せっしゅう》〔　　　〕　(3) 世阿弥《ぜあみ》〔　　　〕　(4) 親鸞《しんらん》〔　　　〕

ア 能楽《のうがく》　**イ** 軍記物　**ウ** 時宗《じしゅう》　**エ** 浄土真宗《じょうどしんしゅう》　**オ** 平等院阿弥陀如来《びょうどういんあみだにょらい》像
カ 東大寺南大門金剛力士《とうだいじなんだいもんこんごうりきし》像　**キ** 水墨画《すいぼくが》　**ク** 源氏物語絵巻

最後にこれだけ確認！

□ **鎌倉時代**
鎌倉幕府は，**承久《じょうきゅう》の乱**をきっかけに幕府の支配を固めた。

□ **室町《むろまち》時代**
室町幕府３代将軍**足利義満《よしみつ》**は，南北朝を統一した。
室町幕府８代将軍**足利義政**のときにおこった**応仁《おうにん》の乱**の後，室町幕府は弱体化した。

世界の動きと天下統一

月　日

時間 30分　合格点 80点　得点　点

解答→別冊 p.12

よく出る **1** **[ヨーロッパの海外進出]** 次の文を読んで，各問いに答えなさい。（7点×5）

ヨーロッパでは14世紀ごろに，a古代のギリシャ・ローマ文化への関心が高まり，自由で人間らしい文化の復興をめざす動きがさかんになった。天文学や地理学も発達し，地球球体説に基づく世界地図もつくられた。当時ヨーロッパでは，アジアの［A］や絹織物が，陸路で輸入され，高い値段で取り引きされていた。この利益に目をつけたポルトガルは，15世紀末にはアフリカ大陸の喜望峰《きぼうほう》を回ってインドに到達《とうたつ》し，やがてb東南アジアにも拠点《きょてん》を得て貿易活動を行った。スペインはこれに対抗《たいこう》して，西回りでインドをめざした。スペインの援助《えんじょ》を得た［B］は，1492年，カリブ海の島に到達した。そして16世紀になると［C］の船隊が世界一周に成功した。

(1) ［A］にあてはまる語句を，次のア～エから1つ選び，記号で答えなさい。

ア 銀　**イ** コーヒー　**ウ** 香辛料《こうしんりょう》　**エ** 羊毛　〔　　〕

(2) ［B］にあてはまる人名を答えなさい。〔　　〕

(3) 下線部aについて，このような動きを何と呼《よ》んでいますか。〔　　〕

(4) 下線部bについて，1543年，ポルトガル人が種子島《たねがしま》に漂着《ひょうちゃく》しているが，このとき日本に伝えられ，戦国の世を大きく変えたものは何ですか。〔　　〕

(5) ［C］にあてはまる人名を答えなさい。〔　　〕

2 **[宗教改革]** 次の文を読んで，各問いに答えなさい。（5点×3）

16世紀の初め，ヨーロッパではカトリック教会の腐敗《ふはい》が問題となった。ドイツでは，aルターが教会のやり方を批判し，信仰《しんこう》によってのみ救われると主張して，領主や農民の支持を得た。フランスとスイスでは，bカルバンが人々が自分の職業にはげむことが神の教えにかなうと説いて，支持を集めた。これに対して，cカトリック教会内部でも改革運動がおこり，勢力の回復がはかられた。

記述式 (1) 下線部aについて，ルターが教会を批判するきっかけとなったのは，教会がどのような方法で資金集めをしたからですか。

〔　　〕

(2) 下線部a，bについて，これらの人々がカトリックに対抗《たいこう》して主張した，新しい教えやその信者のことを何といいますか。〔　　〕

(3) 下線部cについて，スペイン人を中心に結成され，日本にキリスト教を伝えたザビエルも所属していた教団の名を答えなさい。〔　　〕

3 [織田信長の統一事業] 織田信長《おだのぶなが》に関する年表を見て，各問いに答えなさい。(5点×4)

年代	主なできごと
1560	桶狭間《おけはざま》の戦いで a今川氏を破る
1568	将軍足利義昭《あしかがよしあき》を立てて京都に入る
1573	将軍義昭を追放する
1576	b安土城に移る
1577	安土城下に cおきて書きを出す
1580	d石山本願寺を降伏《こうふく》させる
1582	明智光秀《あけちみつひで》に攻められ，自害する

(1) 次の史料は，下線部aの今川《いまがわ》氏が定めた領国内に適用される法令である。このような法令を何といいますか。〔　　　　〕

> 一，けんかをしたものは，道理にかなっているかどうかは問わず，両方とも死罪とする。
> （「今川仮名目録」より）

(2) 下線部bの安土《あづち》城の所在地を，右の地図中のア～エから１つ選び，記号で答えなさい。〔　　　　〕

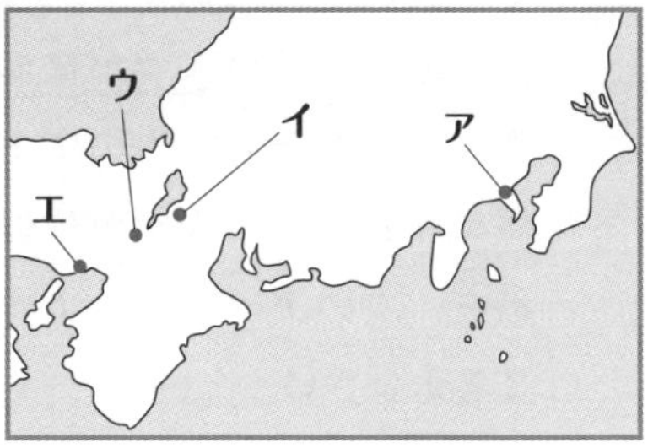

(3) 次の史料は，下線部cの内容である。この政策は，何と呼ばれているものですか。〔　　　　〕

> 一，この町全体を楽市にお命じになったからには，いろいろな座の制約や税をかけることなどは，全部免除する。
> （「定　安土山下町中」より）

(4) 信長は，下線部dなどの一向《いっこう》宗勢力とは厳しく対決した。一向宗勢力とは，だれの教えを信じる人々のことをいったのか。次のア～エから１つ選び，記号で答えなさい。〔　　　　〕

ア 最澄《さいちょう》　イ 親鸞《しんらん》　ウ 一遍《いっぺん》　エ 日蓮《にちれん》

よく出る 4 [豊臣秀吉の政策] 次の資料は，豊臣秀吉《とよとみひでよし》の指示により田の面積を測っているようすを描《えが》いた絵である。この資料を見て各問いに答えなさい。(10点×3)〔兵庫〕

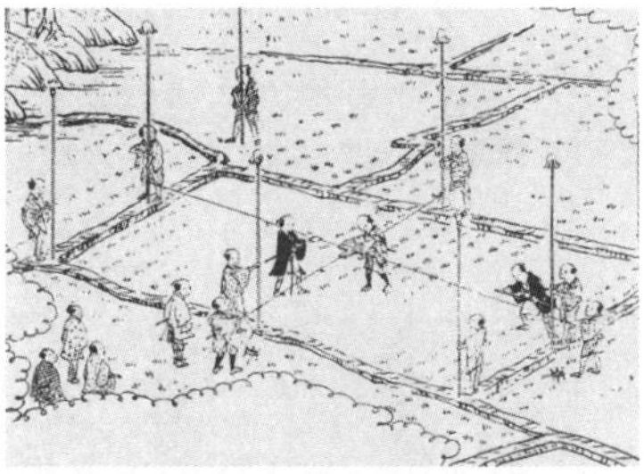

(1) この政策を何といいますか。〔　　　　〕

(2) (1)の政策について説明した次の文の□にあてはまる適切な語句を答えなさい。〔　　　　〕

秀吉は，資料のような方法で田畑のようすを調査して，予想される生産高を米に換算《かんさん》した□で表し，耕作者の名前とともに土地台帳に記載《きさい》した。

記述式 (3) (1)の政策と刀狩《かたながり》によって，社会にどのような変化が現れたか。「武士」と「農民」という語句を使って簡単に説明しなさい。

〔　　　　　　　　　　　　　　　　〕

最後にこれだけ確認！

□ 宗教改革
ルターや**カルバン**らが，カトリック教会に対抗して宗教改革を行った。

□ 織田信長の統一事業
鉄砲を有効活用した**長篠《ながしの》の戦い**。**関所の廃止**。安土城下で**楽市・楽座**。

□ 豊臣秀吉の政策
刀狩や**太閤検地《たいこうけんち》**によって，農民と武士の身分が明確化した。

月　日

第10日 仕上げテスト

時間 30分　合格点 70点　得点　点

解答→別冊 p.12

1 ［世界地理総合］次の地図を見て，各問いに答えなさい。（7点×8）〔新潟〕

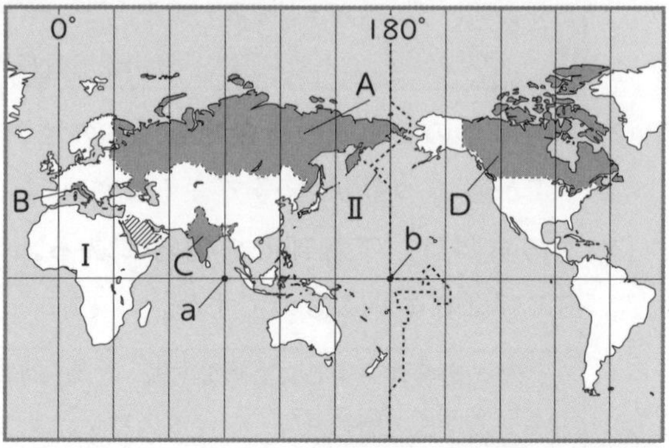

(1) 地図中のⅠは六大陸の１つである。Ⅰの大陸の名称《めいしょう》を答えなさい。

〔　　　　〕

(2) 右の資料は，地図中の▨で示した国に住む多くの人々が信仰《しんこう》している宗教の寺院を示したものである。この地域に住む多くの人々が信仰している宗教を，次のア～エから１つ選び，記号で答えなさい。

〔　　〕

資料

ア 仏教　　**イ** ヒンドゥー教

ウ キリスト教　　**エ** イスラム教

(3) 地図中の地点 a，b は，それぞれ赤道上にある。

① 地点 a，b 間の距離《きょり》は，実際には約何 km か。次のア～エから１つ選び，記号で答えなさい。ただし，赤道の全周は約４万 km とする。〔　　〕

ア 約 50000 km　**イ** 約 10000 km　**ウ** 約 15000 km　**エ** 約 20000 km

② b 地点のある点線で示したⅡの線を何というか。その名称を答えなさい。

〔　　　　〕

(4) 地図中にある国 A～D は，イタリア，インド，カナダ，ロシア連邦《れんぽう》のいずれかである。次の表は，A～D について，それぞれの国の人口密度，小麦の生産量，一人あたり国民総所得，日本への主要輸出品の輸出額の割合を示したものである。地図中の A～D，表中のア～エから，イタリアとインドについてのものを１つずつ選び，記号で答えなさい。

	人口密度（人/km²）（2015年）	小麦の生産量（千t）（2014年）	一人あたり国民総所得（ドル）（2015年）	日本への主要輸出品の輸出額の割合(%)（2017年）					
				第１位		第２位		第３位	
ア	4	29281	42542	石炭	13.8	肉類	11.1	なたね	10.0
イ	197	7142	30313	たばこ	15.0	機械類	14.6	バッグ類	9.6
ウ	8	59711	8992	原油	26.8	液化天然ガス	20.1	石炭	15.0
エ	407	95850	1595	石油製品	22.5	有機化合物	10.8	魚介類《ぎょかいるい》	8.4

（2017/18年版「世界国勢図会」，2018/19年版「日本国勢図会」）

イタリア―地図〔　　〕，表〔　　〕　インド―地図〔　　〕，表〔　　〕

2 **[歴史総合]** 次のX～Zの３人は，歴史上のある人物を示している。これを読んで，各問いに答えなさい。〔青森〕

X　私は推古天皇《すいこてんのう》のおいである。摂政《せっしょう》として天皇中心の政治を行おうと考え，[　A　]
また，仏教や儒学《じゅがく》の考え方をとり入れた十七条の憲法を定めた。
Y　私は尾張《おわり》の国を支配していたが，駿河《するが》の今川義元《いまがわよしもと》を桶狭間《おけはざま》の戦いで破って勢力を広げ，1573年に $_B$室町幕府《むろまちばくふ》を滅《ほろ》ぼした。また，安土《あづち》城の城下で $_C$楽市・楽座を行った。
Z　私は，モンゴル帝国《ていこく》の５代目の皇帝となり，国号を[　D　]と定め，中国全土を支配した。また，日本を従えるためにたびたび使者を送ったが，$_E$北条時宗《ほうじょうときむね》はこれを退けた。そこで高麗《こうらい》の軍勢とともに日本へ２度遠征《えんせい》軍を派遣《はけん》した。

(1) 人物Xが話している内容を読んで，各問いに答えなさい。(6点×2)

① [　A　]にあてはまる文章として最も適切なものを次の**ア**～**エ**から１つ選び，記号で答えなさい。〔　　〕

ア 唐《とう》の制度や文化をとり入れるため，遣唐使《けんとうし》を中国に送った。
イ 国ごとに国分寺《こくぶんじ》と国分尼寺《こくぶんにじ》を建てた。
ウ 家柄《いえがら》にとらわれず，才能や功績のある人物を役人にとり立てる制度をつくった。
エ 蘇我《そが》氏をたおし，新しい政治のしくみをつくった。

② 人物Xが建てたと伝えられる，現存する世界最古の木造建築を何といいますか。
〔　　〕

(2) 人物Yが話している内容を読んで，各問いに答えなさい。

① 下線部Bについて，室町幕府３代将軍が中国と貿易を行うときに正式な商人にもたせた証明書を何といいますか。(6点)〔　　〕

記述式 ② 下線部Cについて，人物Yが楽市・楽座を行った目的を説明しなさい。(8点)
〔　　〕

③ **資料**は，人物Yが活躍《かつやく》したころの文化を代表する作品である。この作者を次の**ア**～**エ**から１つ選び，記号で答えなさい。(6点)〔　　〕

資料　唐獅子図屏風《からじしずびょうぶ》

ア 狩野永徳《かのうえいとく》　**イ** 雪舟《せっしゅう》
ウ 俵屋宗達《たわらやそうたつ》　**エ** 歌川《うたがわ》(安藤《あんどう》)広重《ひろしげ》

(3) 人物Zが話している内容を読んで，各問いに答えなさい。(6点×2)

① 文中の[　D　]にあてはまる国号を答えなさい。〔　　〕

② 下線部Eについて，この人物がついていた役職を，次の**ア**～**エ**から１つ選び，記号で答えなさい。〔　　〕

ア 管領《かんれい》　**イ** 老中《ろうじゅう》　**ウ** 関白《かんぱく》　**エ** 執権《しっけん》

理科

第1日 光・音

月　日

時間 30分
合格点 80点
得点　点

解答→別冊 p.13

1 **［光の性質］** 図1は，光を鏡にあてたときの光の道筋を，図2は，光を空気中で半円形レンズの平らな面の中心にあてたときの光の進む道筋を調べたものである。次の問いに答えなさい。(10点×3)〔岐阜—改〕

図1
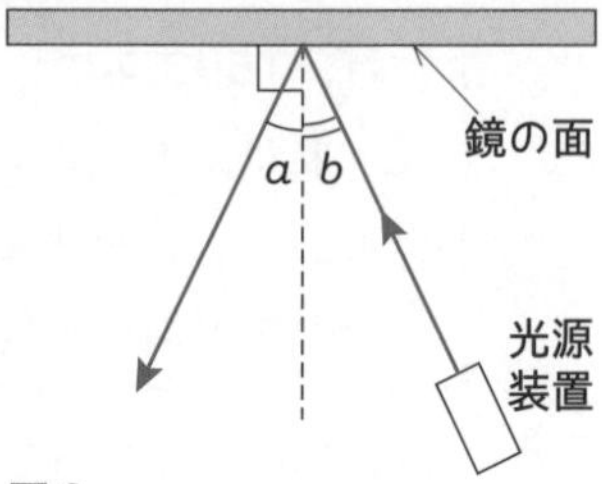

図2
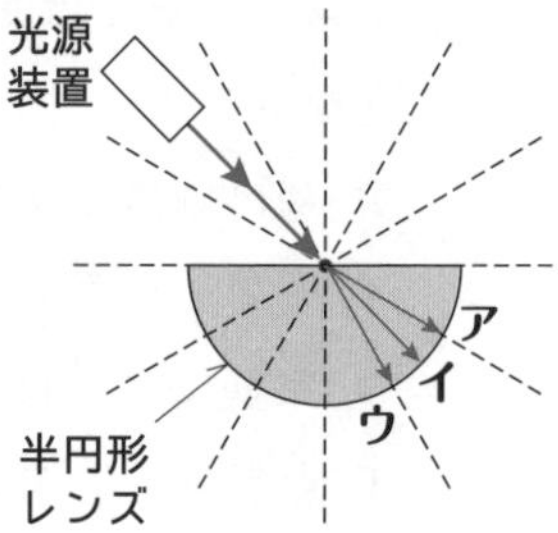

(1) 図1の a が25度のとき，b は何度ですか。［　　　］

(2) 光源装置から出た光は，半円形レンズの中をどのように進むか。図2の**ア**〜**ウ**から選びなさい。［　　］

(3) 次の文の空欄《くうらん》の①，②にあてはまる語句の組み合わせを，**ア**〜**エ**から選びなさい。［　　］

陶器《とうき》のカップの底に五円玉を１枚入れ，少しずつ水を注いでいくと，見えなかった五円玉が見えるようになった。これは，（　①　）で調べた光の（　②　）という現象によるものである。

ア ①図1，②反射　　**イ** ①図1，②屈折《くっせつ》
ウ ①図2，②反射　　**エ** ①図2，②屈折

よく出る **2** **［凸《とつ》レンズを通る光］** 焦点距離《しょうてんきょり》 10 cm の凸レンズを使って，次の実験を行った。あとの問いに答えなさい。(10点×3)〔石川〕

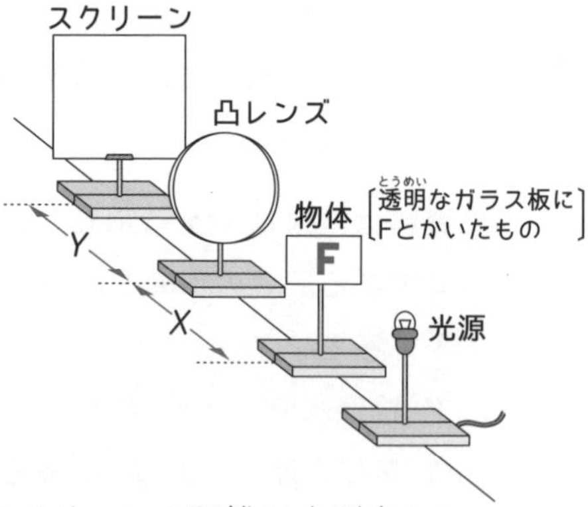

〔実験〕 右の図のように，光源，物体，凸レンズ，スクリーンを直線上に並べ，凸レンズの位置を固定した。次に，物体とスクリーンの位置をいろいろ変えて，スクリーンにはっきりした像がうつるときの位置を調べ，そのつど，凸レンズと物体の距離 X および凸レンズとスクリーンの距離 Y を測定した。

(1) スクリーンにうつった像を，光源を置いた側から観察するとどのように見えるか。右の**ア**〜**エ**から選びなさい。［　　］

ア　**イ**　**ウ**　**エ**

記述式 (2) 距離 X を大きくしていくと，距離 Y はどうなっていくか。また，そのときの像の大きさはどうなっていくか。それぞれ書きなさい。

距離 Y［　　　　　　　　］ 像の大きさ［　　　　　　　　］

3 **[音の伝わり方]** 音の性質を調べるために，次の実験を行った。あとの問いに答えなさい。(10点×2)〔高知〕

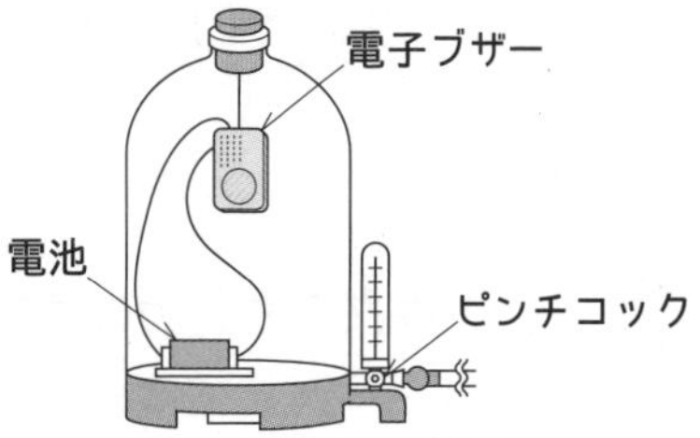

〔実験１〕 おんさをたたき，水の入った水槽《すいそう》の水面におんさをふれさせると，水しぶきが上がった。

〔実験２〕 図のような装置で，容器内の空気を真空ポンプで抜《ぬ》いていくと，電子ブザーの音が小さくなった。次に，容器のピンチコックをあけ，空気を容器内に入れると，電子ブザーの音は大きくなった。

(1) 実験１について，次の文の[　　]にあてはまる語句を書きなさい。

水しぶきが上がったことから，おんさが[　　　　]していることがわかった。

記述式 (2) 実験２の結果からわかることを，「空気」と「音」の２つの語句を使って，簡単に書きなさい。[　　　　　　　　]

よく出る **4** **[音の性質]** 図１のように，モノコードに弦《げん》を１本張り，コンピュータを使って音の実験を行った。ことじの左側の弦をはじくと，図２のような波形が表示された。次に，条件を変えて実験を行うと音が高くなり，図３のような波形となった。次の問いに答えなさい。ただし，図２，図３の縦軸《たてじく》，横軸の目盛りの間隔《かんかく》は同じであり，横軸は時間を表している。(10点×2)〔鹿児島〕

図１

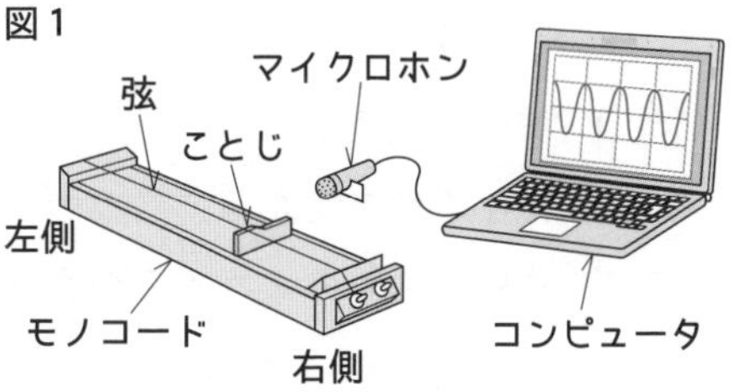

図２

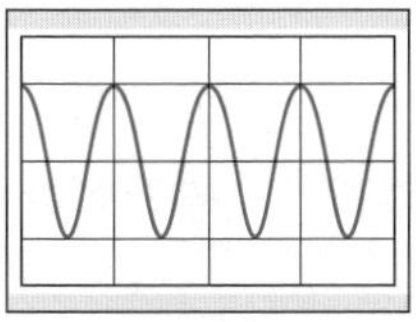

図３

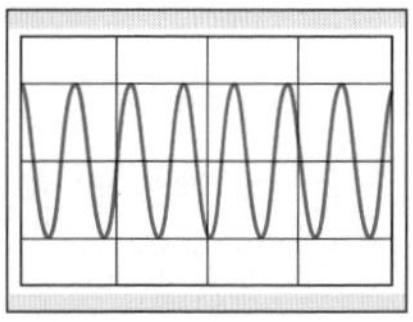

(1) 下線部において，条件を変えるために行った操作は何か。次の**ア**～**オ**からすべて選びなさい。[　　　　]

ア ことじを左側に動かして，ことじの左側の弦を同じ強さではじいた。

イ ことじを右側に動かして，ことじの左側の弦を同じ強さではじいた。

ウ 弦の張り方を強くして，ことじの左側の弦を同じ強さではじいた。

エ 弦の張り方を弱くして，ことじの左側の弦を同じ強さではじいた。

オ ことじの位置や弦の張り方は変えずに，ことじの左側の弦をもっと強くはじいた。

(2) この実験からわかることについて，次の**ア**～**エ**から正しいものを選びなさい。[　　　]

ア 弦の振幅《しんぷく》が小さいほど音が高くなる。　**イ** 弦の振幅が大きいほど音が高くなる。

ウ 弦の振動数が少ないほど音が高くなる。　**エ** 弦の振動数が多いほど音が高くなる。

最後にこれだけ確認！

確認チェック

□ **光の屈折**

①光が空気中からガラス中(水中)に進むとき→**入射角＞屈折角**

②光がガラス中(水中)から空気中に進むとき→**入射角＜屈折角**

第2日

力のはたらき

月　日

時間 30分　合格点 80点　得点　点

解答→別冊p.14

1 **[力のはたらき]** 力のはたらきについて，次の問いに答えなさい。(5点×9)

(1) 次の①～③で，下線部の物体はそれぞれどのような力のはたらきを受けたか。あとの**ア**～**ウ**からそれぞれ選びなさい。

① ばねをのばす。　② ボールを打ち返す。　③ バーベルを持ち上げる。

[　　]

[　　]

[　　]

ア 物体を支える。

イ 物体の形を変える。

ウ 物体の運動のようすを変える。

(2) 次の①～⑤の力を何といいますか。

① 変形した物体がもとの形にもどろうとする力 [　　]

② 接している２つの物体の間で，物体の運動を妨《さまた》げる向きにはたらく力 [　　]

③ 鉄を引きつけたり，磁石どうしが引き合ったり，反発し合ったりする力 [　　]

④ 接している物体を面が垂直におす力 [　　]

⑤ 電気がたがいに引き合ったり，反発し合ったりする力 [　　]

(3) (2)の①～⑤のうち，離《はな》れていてもはたらく力はどれか。すべて選びなさい。 [　　]

2 **[力の表し方]** 図は，床《ゆか》に置いた物体にはたらく重力を矢印で表したものである。次の問いに答えなさい。ただし，100gの物体にはたらく重力の大きさを1Nとし，方眼の1目盛りは1Nを表している。(6点×3)

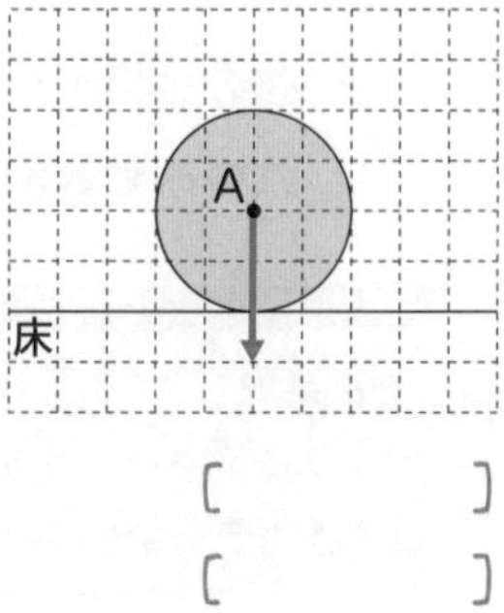

(1) 力がはたらく点を表す点Aを何といいますか。 [　　]

(2) 図の物体にはたらく重力の大きさは何Nですか。 [　　]

(3) 図の物体の質量は何gですか。 [　　]

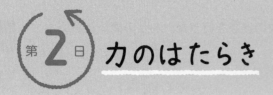

3 **[力のつりあい]** 2力のつりあいについて，次の問いに答えなさい。(5点×4)

(1) 2力がつりあう条件を示した次の文の①～③にあてはまる語句を入れなさい。

・2力の①[　　　　　]が等しい。

・2力の②[　　　　　]が反対である。

・2力が③[　　　　　]にある。

(2) 図のように，天井《てんじょう》に糸でおもりをつり下げた。つりあいの関係にある2力はどれか。次の**ア**～**エ**から選びなさい。[　　　]

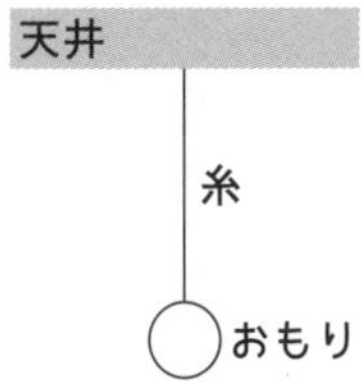

ア おもりが糸を引く力と糸がおもりを引く力

イ 糸がおもりを引く力とおもりにはたらく重力

ウ おもりにはたらく重力と糸が天井を引く力

エ 天井が糸を引く力と糸がおもりを引く力

よく出る **4** **[ばねののび]** 図のように，ばねにいろいろな質量のおもりをつるし，ばねに加える力の大きさとばねののびとの関係を調べた。次の表は，その結果をまとめたものである。これについて，あとの問いに答えなさい。ただし，100 g の物体にはたらく重力の大きさを1 Nとする。(6点×2)

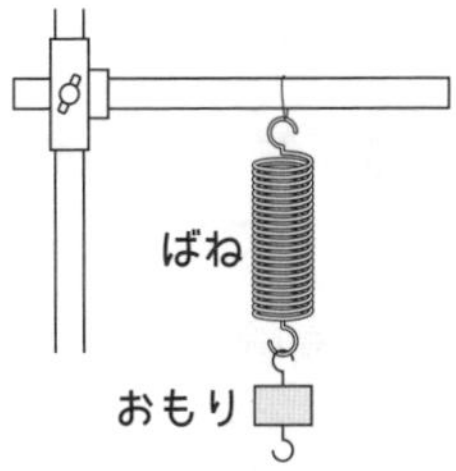

力の大きさ〔N〕	0.2	0.4	0.6	0.8	1.0
ばねののび〔cm〕	1.0	2.0	3.0	4.0	5.0

(1) このばねに180 g のおもりをつるしたとき，ばねののびは何 cm になりますか。

[　　　　　]

(2) このばねにある物体をつるすと，ばねののびは12.5 cm になった。このときばねにつるした物体の質量は何 g ですか。[　　　　　]

5 **[重さと質量]** 重さについて説明した文として適切なものを，次の**ア**～**エ**からすべて選びなさい。(5点) [　　　　　]

ア 場所が変わっても変化しない。

イ 場所によって異なる。

ウ ばねばかりではかることができる。

エ 上皿てんびんではかることができる。

最後にこれだけ確認！

□ **力のつりあい**

1つの物体に2つの力がはたらいていて，物体が動かないとき，2つの力はつりあっているという。

□ **フックの法則**

ばねののびは，ばねにはたらく力の大きさに比例する。

月　日

第3日 物質の性質・状態変化

時間 30分　合格点 80点　得点　点

解答→別冊p.14

1 **[ガスバーナーの使い方]** 右の図は，ガスバーナーのつくりを示している。次の問いに答えなさい。(5点×4)

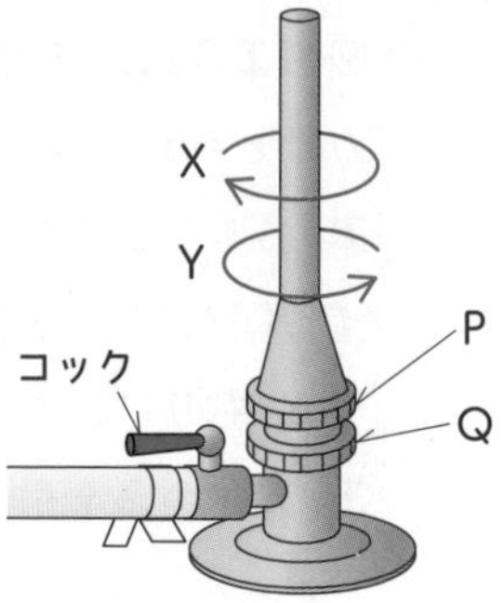

(1) 図のP，Qのねじをそれぞれ何といいますか。

P[　　　　　]　Q[　　　　　]

(2) 次の文の①，②の(　　)の中から適切なものを選びなさい。

①[　　]　②[　　]

点火したときの赤い炎《ほのお》を青い炎にするには，①(**ア** P　**イ** Q)のねじを少しずつ②(**ウ** X　**エ** Y)の向きに回す。

よく出る **2** **[物質の区別]** 3種類の物質A，B，Cがある。これらは砂糖，食塩，デンプンのいずれかである。この3種類の物質を見分けるために，次の実験を行った。表は，そのときの結果をまとめたものである。あとの問いに答えなさい。(5点×3)

〔実験1〕 3種類の物質をそれぞれ水を入れた試験管に加え，振《ふ》ったときのようすを調べた。

〔実験2〕 3種類の物質をそれぞれガスバーナーで加熱し，燃えるかどうかを調べた。

〔実験3〕 実験2で燃えた物質B，Cについて，石灰水《せっかいすい》の入った集気びんの中に入れて燃やしたあと，石灰水の変化を調べた。

(1) 実験1～3の結果から物質A，Cは何か。物質名を答えなさい。　A[　　　]　C[　　　]

	A	B	C
実験1	とけた	とけた	とけなかった
実験2	燃えなかった	炎を出して燃えた	炎を出して燃えた
実験3	――――	白く濁った	白く濁った

(2) 物質B，Cのように，炎を出して燃え，あとに黒い炭が残ったり，石灰水を白く濁《にご》らせる気体が発生したりする物質を，一般《いっぱん》に何といいますか。　[　　　]

3 **[状態変化]** 図は，物質が温度によってその状態を変えるようすを模式的に表している。次の問いに答えなさい。(6点×2)

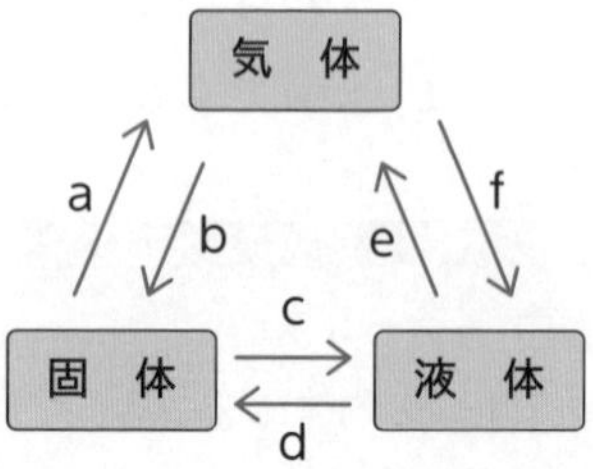

(1) 図の矢印a～fのうち，加熱したときの変化を示すものをすべて選びなさい。　[　　　]

(2) 物質がその状態を変えるとき，変化するものはどれか。次の**ア**～**ウ**からすべて選びなさい。　[　　　]

ア 質量　**イ** 体積　**ウ** 密度

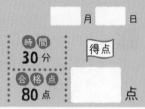

4 **[物質の密度]** 物質の密度に関する次の問いに答えなさい。(7点×5)

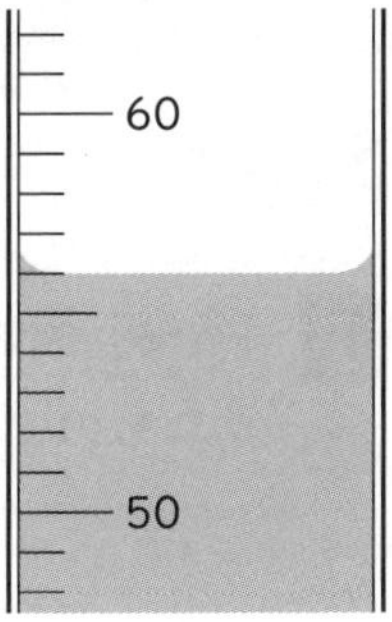

(1) 50.0 cm^3 の水が入ったメスシリンダーに物体Aを入れたところ，図のようになった。この物体Aの体積は何 cm^3 ですか。〔　　　　〕

(2) この物体Aの質量は 16.1 g であった。物体Aの密度は何 g/cm^3 ですか。小数第2位を四捨五入して，小数第1位まで求めなさい。

〔　　　　〕

(3) 物体Aを水に入れると，浮《う》くか，沈《しず》むか答えなさい。ただし，水の密度を 1.0 g/cm^3 とする。〔　　　　〕

(4) 密度について述べた文として正しいものを，次の**ア**～**オ**から2つ選びなさい。

〔　　　〕〔　　　〕

ア 密度は，物質 1 g あたりの体積のことである。
イ 密度は，物質 1 cm^3 あたりの質量のことである。
ウ 密度は，物質ごとに決まっていないので，物質を区別する手がかりにはならない。
エ 同じ体積で比べると，密度が小さいほど質量は大きくなる。
オ 同じ質量で比べると，密度が大きいほど体積は小さくなる。

よく出る **5** **[混合物の分離《ぶんり》]** 図1に示した実験装置を用いて，混合物から物質をとり出す実験をした。丸底フラスコに水とエタノールを1：1の体積比で混合した液体を入れ，一定の炎で加熱しながら物質をとり出した。図2は，この実験で1分ごとに温度を測定した結果をグラフで示したものである。次の問いに答えなさい。(6点×3)〔広島─改〕

図1

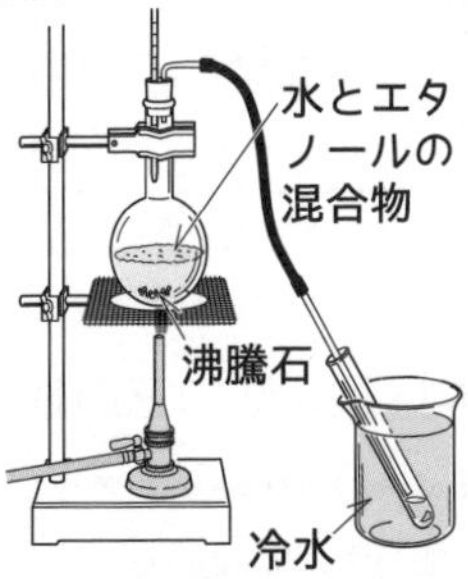

図2

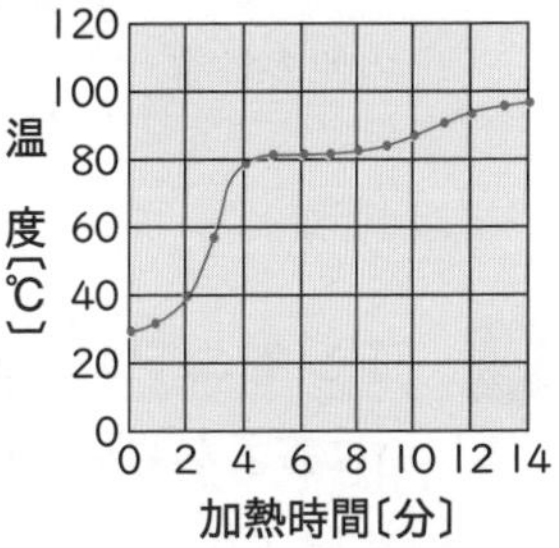

(1) この実験で，加熱時間が4分から6分までの間に試験管にたまった液体をとり出した。この液体に水は含《ふく》まれていますか。また，この液体にひたしたろ紙を蒸発皿に入れ，火を近づけるとどうなりますか。①，②の(　　)の中からそれぞれ選びなさい。

① 水は含まれて(**ア** いる　**イ** いない)。　①〔　　〕②〔　　〕

② 火を近づけると火が(**ウ** つく　**エ** つかない)。

(2) この実験のように，液体を加熱して沸騰《ふっとう》させ，出てきた気体を冷やして，再び液体にしてとり出すことを何といいますか。〔　　　　〕

最後にこれだけ確認！

□ **状態変化と体積**

ふつう，物質が固体→液体→気体 と変化すると，体積は大きくなる。

□ **密度**

$$密度〔g/cm^3〕=\frac{物質の質量〔g〕}{物質の体積〔cm^3〕}$$

月　日

時間 30分　合格点 80点　得点　点

第4日 気体・水溶液

解答→別冊 p.15

よく出る **1** [気体] 図は，3種類の気体の発生方法と集め方を示し，表はそれらの性質についてまとめたものである。①〜⑧にあてはまる語句を入れなさい。(5点×8)

①[　　　　]

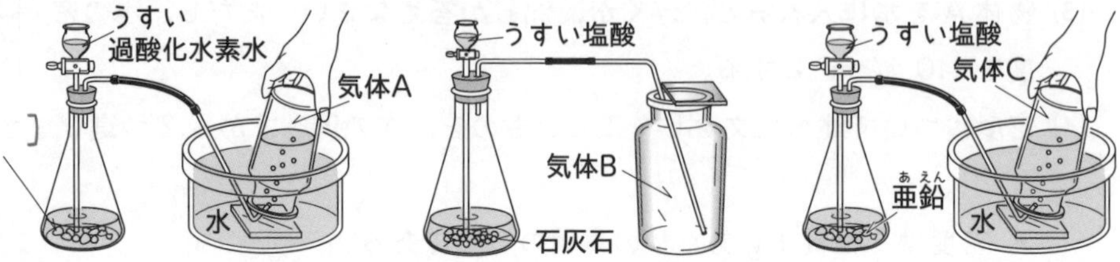

気体名	A②[　　　　]	B③[　　　　]	C④[　　　　]
におい	ない	ない	⑤[　　　　]
集め方	水上置換法《すいじょうちかんほう》	⑥[　　　　]	水上置換法
水へのとけ方	とけにくい	少しとける	ほとんどとけない
空気との比較	空気より少し重い	空気より⑦[　　　　]	空気より軽い
その他の性質	ものを燃やすはたらきがある。	⑧[　　　　]を白く濁《にご》らせる。	気体Aと混合して火をつけると爆発《ばくはつ》して燃える。

2 [アンモニアの噴水《ふんすい》] アンモニアの性質を調べるために，次の実験を行った。あとの問いに答えなさい。(5点×3)〔群馬—改〕

〔実験1〕 図1のように，試験管にアンモニア水を入れ，おだやかに加熱し，発生したアンモニアを乾《かわ》いたフラスコに集めた。

〔実験2〕 実験1で集めたアンモニアが入っているフラスコを用い，図2のような装置をつくった。フラスコの中にスポイトで少量の水を入れると，しばらくしてビーカーの水がガラス管を上がり，フラスコの中で噴水となった。

図1

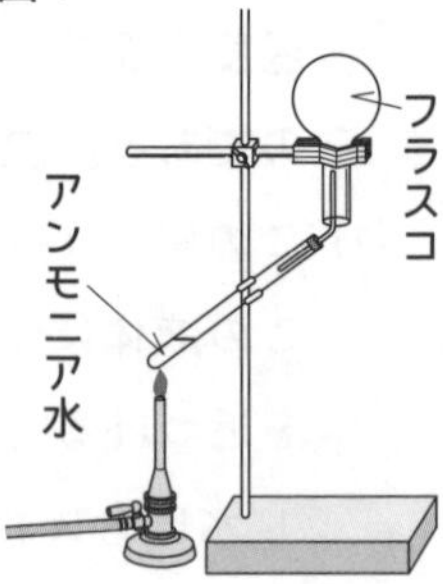

図2

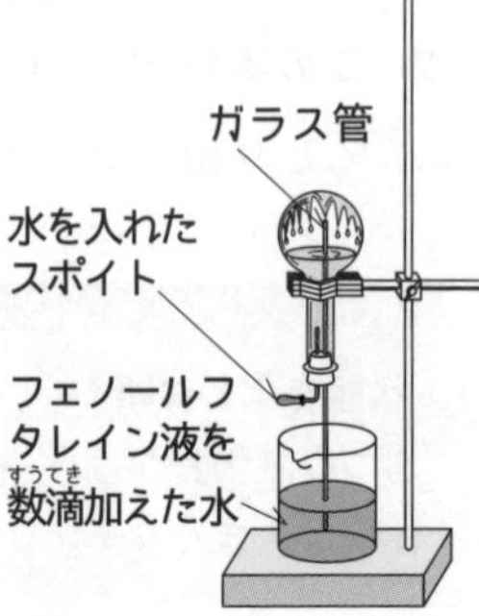

(1) 実験2で，ビーカー内のフェノールフタレイン液の入った水がフラスコ内に噴出したときの色は何色になるか。また，このことから考えられるフラスコ内の水溶液《すいようえき》の性質として正しいものを，次の**ア**〜**ウ**から選びなさい。 色[　　　　] 性質[　　]

ア 酸性　**イ** 中性　**ウ** アルカリ性

記述式 (2) 実験2で，フラスコ内で噴水となったのはアンモニアのどのような性質によりますか。[　　　　　　　　]

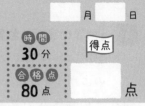

よく出る **3** **〔溶解度〕** 3つのビーカーにそれぞれ水100gを入れ，温度を60℃に保ちながら，それぞれのビーカーに塩化ナトリウム，硝酸《しょうさん》カリウム，ミョウバンを少しずつ入れてよくかき混ぜ，3種類の飽和《ほうわ》水溶液《すいようえき》をつくった。図は，それぞれの物質の溶解度（100gの水にとける物質の限度の質量〔g〕）が温度によって変化することを示したグラフである。次の問いに答えなさい。（5点×3）〔佐賀〕

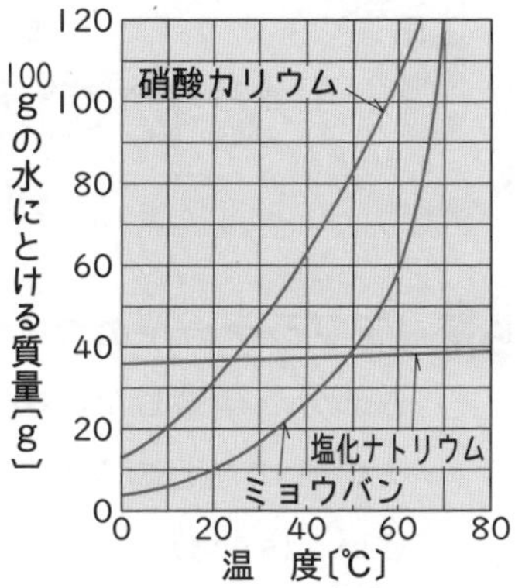

(1) これらの60℃における3種類の飽和水溶液をそれぞれ20℃に冷却《れいきゃく》したとき最も多くの結晶《けっしょう》をとり出せるのは，塩化ナトリウム，硝酸カリウム，ミョウバンのどれですか。　〔　　　　〕

(2) (1)で最も多くの結晶をとり出せる理由として適切なものを，次の**ア**～**エ**から選びなさい。　〔　　〕

ア 20℃で，溶解度が最も小さい。

イ 20℃で，溶解度が最も大きい。

ウ 60℃から20℃に温度が変化したとき，溶解度の差が最も小さい。

エ 60℃から20℃に温度が変化したとき，溶解度の差が最も大きい。

記述式 (3) これらの飽和水溶液の中で，冷却してもほとんど結晶をとり出せないものがあった。この水溶液から多くの結晶をとり出すには，どのような操作をすればよいですか。

〔　　　　　　　　　　　　　　　　〕

4 **〔溶液の濃度《のうど》〕** 水120gに砂糖30gをとかして砂糖水をつくった。次の問いに答えなさい。（5点×6）

(1) この砂糖水の質量パーセント濃度は何%ですか。　〔　　　〕

(2) この砂糖水と同じ質量パーセント濃度の砂糖水を400gつくるには，砂糖と水を何gずつ用意すればよいですか。　砂糖〔　　　〕　水〔　　　〕

(3) 砂糖が水に完全にとけたときの砂糖の粒子《りゅうし》のようすを表すモデルを，右の**ア**～**エ**から選びなさい。　〔　　〕

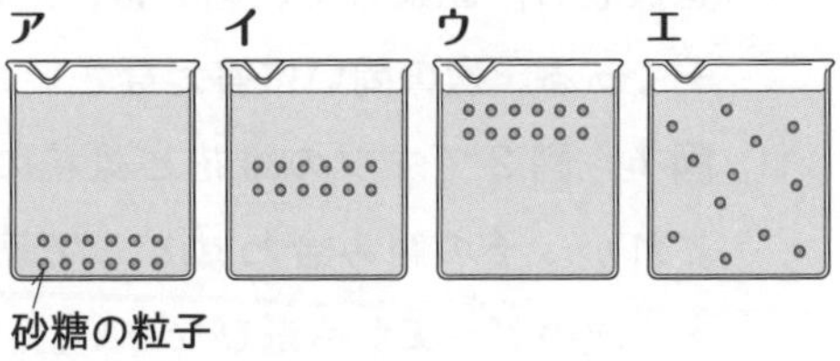

(4) 物質が水にとけているときに共通する性質を，次の**ア**～**エ**から2つ選びなさい。　〔　　〕〔　　〕

ア 透明《とうめい》である。　**イ** 無色である。

ウ 濃《こ》さはどこも同じである。　**エ** しばらくすると，とけたものが底に沈《しず》む。

最後にこれだけ確認！

□ **質量パーセント濃度**

$$\text{質量パーセント濃度〔\%〕} = \frac{\text{溶質の質量〔g〕}}{\text{溶液の質量〔g〕}} \times 100 = \frac{\text{溶質の質量〔g〕}}{\text{溶質の質量〔g〕} + \text{溶媒の質量〔g〕}} \times 100$$

（溶媒《ようばい》）

第5日

植物のからだと分類

月　日

時間 30分

合格点 80点

得点

点

解答→別冊 p.15

1 **[アブラナの花のつくり]** 花のつくりについて調べるために，アブラナの花を分解し，各部分を観察した。図1は，アブラナの花の各部分をスケッチしたもので，図2は，図1のAのもとのふくらんだ部分を縦《たて》に切った断面のようすである。あとの問いに答えなさい。(5点×6)

図1

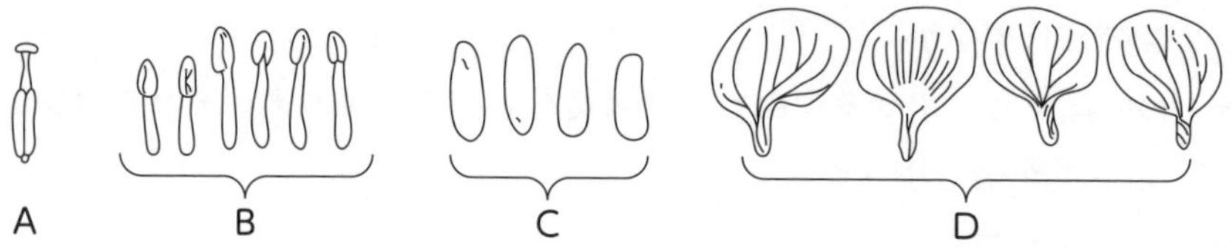

図2

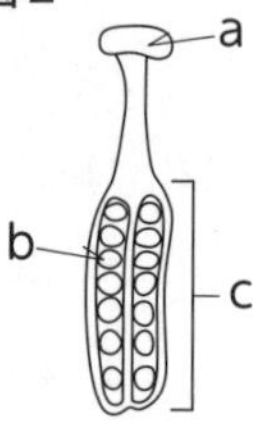

(1) 図1のA～Dを，花の外側にあるものから中心にあるものの順に並べ，記号で答えなさい。〔　　→　　→　　→　　〕

(2) 図2のa～cの部分をそれぞれ何といいますか。

a〔　　　　〕 b〔　　　　〕 c〔　　　　〕

(3) 図2のa～cのうち，受粉すると成長して種子になる部分はどれですか。〔　　　　〕

(4) 種子をつくる植物のうち，アブラナのように，bがcの中にある植物を何といいますか。

〔　　　　〕

2 **[マツの花のつくり]** 図1のマツの枝の先《せん》端《たん》に見られるX，Yから，それぞれりん片《べん》を採取し，観察した。図2は，そのスケッチである。次の問いに答えなさい。(5点×4)

図1

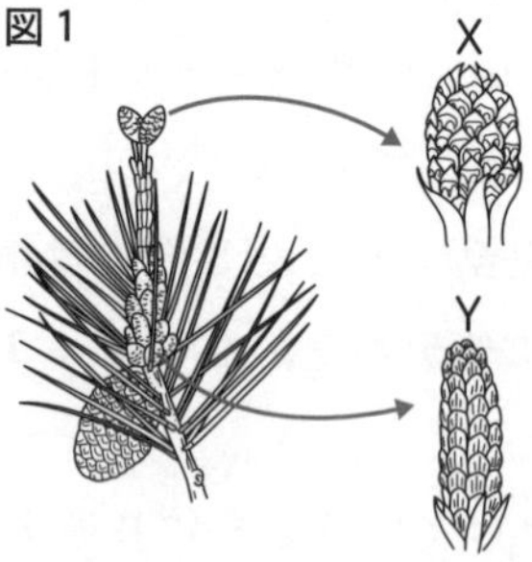

図2

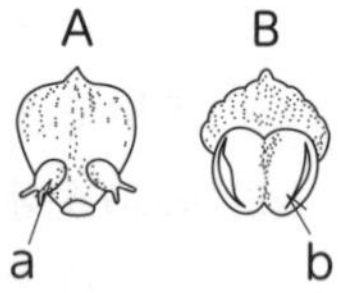

(1) 図1，図2でマツの雄花《おばな》と雄花のりん片はどれか。その組み合わせとして適切なものを，次のア～エから選びなさい。〔　　〕

ア X，A　　**イ** X，B

ウ Y，A　　**エ** Y，B

(2) 図2のa，bの部分をそれぞれ何といいますか。

a〔　　　　〕 b〔　　　　〕

図3

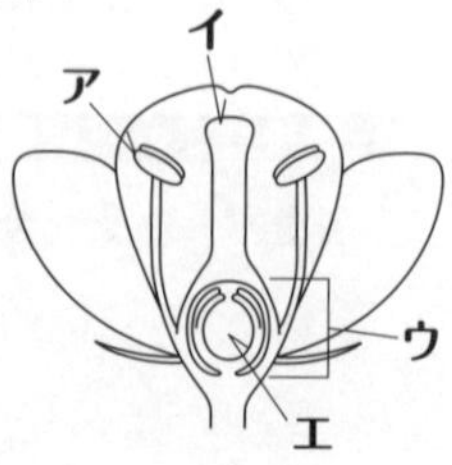

(3) 図3は，サクラの花の断面を表したものである。サクラの花で，図2のbと同じはたらきをする部分を，図3の**ア**～**エ**から選びなさい。〔　　〕

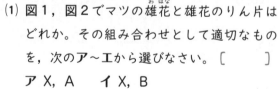

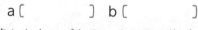

3 **[単子葉類と双子葉類《そうしようるい》]** 次の表は，単子葉類と双子葉類のからだのつくりをまとめたものである。①～⑤にあてはまる語句を入れなさい。(6点×5)

	子　葉	根のようす	葉脈のようす
単子葉類	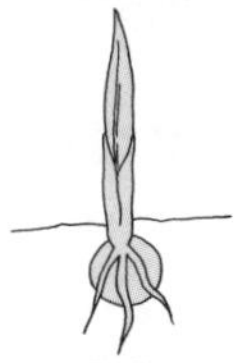 子葉が①[　　　]枚	 ③[　　　　]	 平行脈
双子葉類	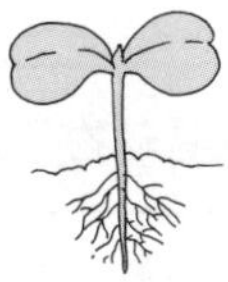 子葉が②[　　　]枚	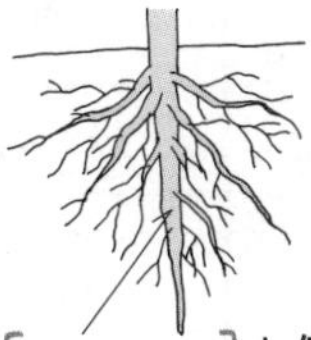 ④[　　　　]と側根	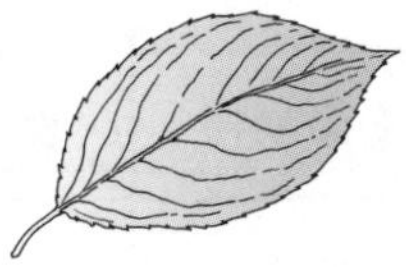 ⑤[　　　　]

よく出る **4** **[植物の分類]** 次の図は，身のまわりの植物を，その特徴《とくちょう》をもとにA～Dの4つのなかまに分類したものである。あとの問いに答えなさい。(5点×4)

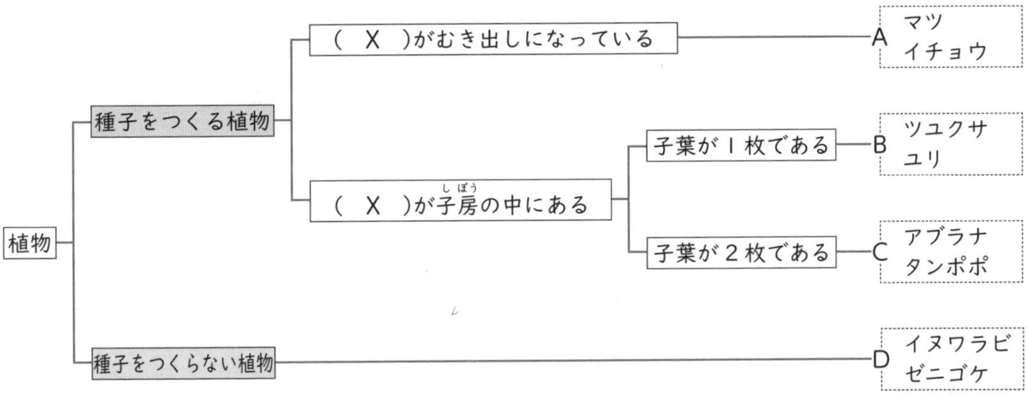

(1) 図の(X)にあてはまる語句を答えなさい。　[　　　　]

(2) Aに分類される植物のなかまを何植物といいますか。　[　　　　]

(3) Bに分類される植物として適切なものを，次の**ア**～**エ**から選びなさい。　[　　]

ア スギ　　**イ** ゼンマイ

ウ イネ　　**エ** アサガオ

(4) Dに分類されるイヌワラビやゼニゴケは何をつくってなかまをふやしますか。

[　　　　]

最後にこれだけ確認！

□ **種子植物の分類**

①**被子植物《ひししょくぶつ》**…胚珠《はいしゅ》が子房《しぼう》の中にある。

②**裸子植物《らししょくぶつ》**…胚珠がむき出しになっている。

□ **被子植物の分類**

①**単子葉類**…平行脈，ひげ根。

②**双子葉類**…網状脈《もうじょうみゃく》，主根と側根。

月　日

第6日 動物のからだと分類

時間 30分
合格点 80点
得点　　点

解答→別冊p.16

1 **[セキツイ動物の分類]** 次の表は，セキツイ動物を５つの種類に分類し，その特徴《とくちょう》をまとめたものである。あとの問いに答えなさい。(5点×6)

	A	B	C	D	E
呼吸のしかた	（ X ）	子…えら 親…肺と皮膚《ひふ》	肺	肺	肺
体温調整	変温動物	変温動物	（ Y ）動物	恒温動物《こうおんどうぶつ》	恒温動物
子のうまれ方	卵生	卵生	卵生	卵生	（ Z ）

(1) 表の（ X ）～（ Z ）にあてはまる語句をそれぞれ答えなさい。

X[　　　] Y[　　　] Z[　　　]

(2) A，Cに分類されるセキツイ動物をそれぞれ何類といいますか。

A[　　　] C[　　　]

(3) B，Dに分類される動物の組み合わせとして適切なものを，次の**ア**～**エ**から選びなさい。

[　　　]

	B	D
ア	ヘビ	コウモリ
イ	ヘビ	ペンギン
ウ	イモリ	コウモリ
エ	イモリ	ペンギン

2 **[草食動物と肉食動物]** 図は，ライオンとシマウマの頭骨を表したものです。これについて，次の問いに答えなさい。(5点×3)

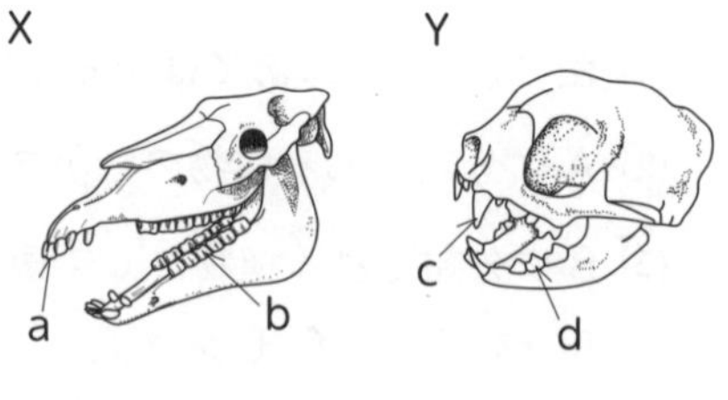

(1) X，Yのうち，ライオンの頭骨はどちらですか。

[　　　]

(2) a～dのうち，草をすりつぶすのに適している歯はどれですか。 [　　　]

(3) シマウマの目のつき方や視野について説明した文として適切なものを，次の**ア**～**エ**から選びなさい。 [　　　]

ア 目が前向きについていて，視野が広く，後方まで見ることができる。

イ 目が前向きについていて，立体的に見える範囲《はんい》が広い。

ウ 目が横向きについていて，視野が広く，後方まで見ることができる。

エ 目が横向きについていて，立体的に見える範囲が広い。

3 **[無セキツイ動物の分類]** 図は，背骨をもたない動物のなかまを表したものです。これについて，次の問いに答えなさい。(8点×5)

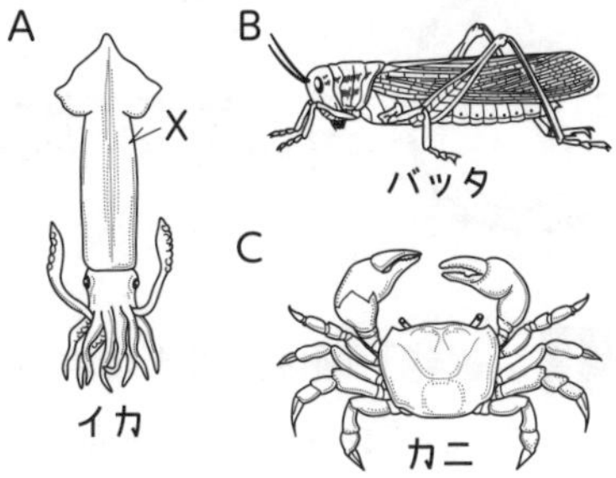

(1) 背骨をもたない動物のなかまを何動物といいますか。

[　　　　　　　　]

(2) A～Cのうち，からだがかたい殻《から》におおわれて，からだやあしに節がある動物はどれか。すべて選びなさい。また，このような動物のなかまを何動物といいますか。

記号[　　　　　　　　]　名称《めいしょう》[　　　　　　　　]

(3) AのXは，内臓をおおっている筋肉でできた膜《まく》である。Xを何といいますか。

[　　　　　　]

(4) Bについて説明した文として適切なものを，次の**ア**～**エ**から選びなさい。　[　　　]

ア からだが頭部，腹部の２つに分かれていて，頭部にあしがある。

イ からだが頭部，腹部の２つに分かれていて，腹部にあしがある。

ウ からだが頭部，胸部，腹部の３つに分かれていて，胸部にあしがある。

エ からだが頭部，胸部，腹部の３つに分かれていて，腹部にあしがある。

よく出る **4** **[動物の分類]** 次のA～Iの９種類の動物について，あとの問いに答えなさい。(5点×3)

A　アサリ	B　カエル	C　クジラ	D　エビ	E　クモ
F　トカゲ	G　ニワトリ	H　サメ	I　モンシロチョウ	

(1) A～Iのうち，背骨をもつ動物のなかまはどれか。あてはまるものをすべて選びなさい。

[　　　　　　]

(2) Aと同じなかまに分類される動物を何動物といいますか。　[　　　　　　]

(3) Gについて述べた文として適切なものはどれか。あてはまるものを次の**ア**～**オ**からすべて選びなさい。　[　　　　　　]

ア 外骨格をもつ。

イ 外界の温度が変化しても体温はほぼ一定である。

ウ 子はえらで，親は肺と皮膚で呼吸する。

エ 殻のない卵を産む。

オ からだはやわらかい羽毛でおおわれている。

最後にこれだけ確認！

☐ セキツイ動物のなかま

魚類，両生類，ハ虫類，鳥類，ホ乳類

☐ 無セキツイ動物のなかま

節足動物(昆虫類《こんちゅうるい》，甲殻類《こうかくるい》，その他)，軟体《なんたい》動物，その他の無セキツイ動物

月　日

第7日 身近な地層や地形の観察

時間 30分
合格点 80点
得点　点

解答→別冊p.16

1 **[堆積《たいせき》]** 図は，流水によって運ばれた土砂が海底に堆積したようすを表している。①～④にあてはまる語句を入れなさい。(7点×4)

①[　　　　]…地表に出ている岩石が，急激な気温の変化や水などのはたらきによってしだいにもろくなり，くずれていくこと。

②[　　　　]…流水が地表の岩石や土をけずること。

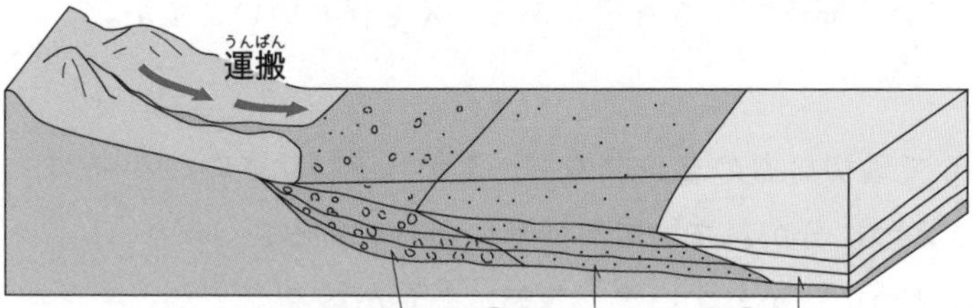

れき　③[　　　　]④[　　　　]

2 **[堆積岩]** 堆積岩のつくりを調べるために，れき岩，砂岩，泥岩《でいがん》をつくっている粒《つぶ》の大きさや形を，ルーペや双眼実体顕微鏡《そうがんじったいけんびきょう》で観察した。次の問いに答えなさい。(6点×2)

(1) れき岩，砂岩，泥岩のうち，最も大きな粒が集まってできたものはどれですか。

[　　　　]

記述式 (2) 観察した堆積岩をつくっている粒はどれも丸みを帯びていた。これはなぜか。理由を書きなさい。[　　　　]

よく出る **3** **[地層]** 次の観察について，あとの問いに答えなさい。(7点×3)〔岐阜―改〕

〔観察〕 露頭《ろとう》の一部を観察し，地層のつくりをスケッチしたところ，図のようになった。採集した岩石の層(地層Y)には，サンゴやフズリナの化石が含《ふく》まれていた。

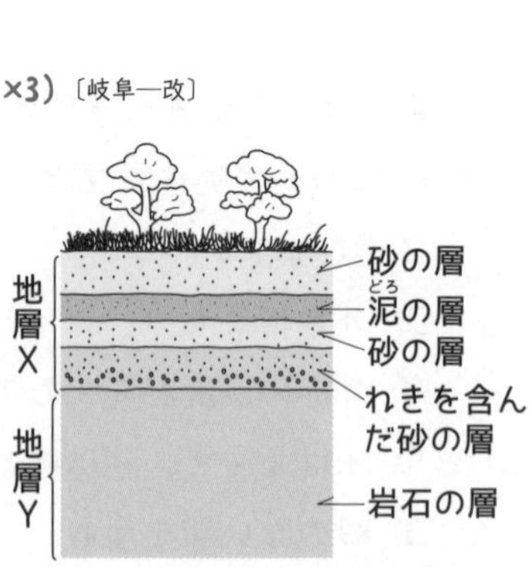

(1) 地層Xの中で，海岸から離《はな》れ，波の影響《えいきょう》が最も少ない場所で堆積した層はどれですか。　[　　　　]

記述式 (2) 観察で，岩石の層には，サンゴの化石が含まれていたことから，岩石の層が堆積した当時の環境《かんきょう》を簡単に書きなさい。[　　　　]

(3) 採集した岩石に，うすい塩酸をかけると二酸化炭素が発生した。この岩石を何というか。名称《めいしょう》を書きなさい。

[　　　　]

4 **[地層の変形]** 図のAは地層に加わった力によるずれを，Bは地層が波打つように変形した地層の曲がりを表している。次の問いに答えなさい。（6点×3）

A

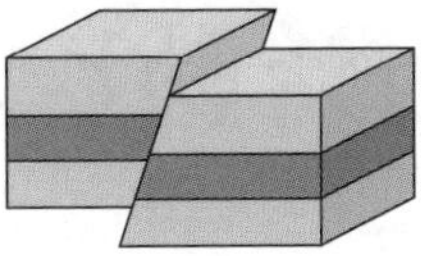

B

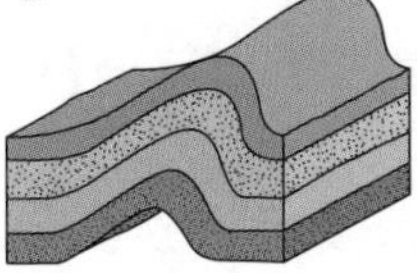

(1) Aのような地層のずれを何といいますか。　〔　　　〕

(2) Bのような地層の曲がりを何といいますか。　〔　　　〕

記述式 (3) Bのような地層の曲がりは，どのような力がはたらいてできますか。

〔　　　　　　　　　　〕

よく出る **5** **[地層]** 次の観察について，あとの問いに答えなさい。（7点×3）〔三重一改〕

〔観察〕 道路から見ることができる比較的《ひかくてき》近い2地点A，Bの地層を観察した。図1は，観察した2地点A，Bを含む地域の地形を模式的に表したものである。図2は，観察した2地点A，Bの地層の重なり方をそれぞれ柱状図で表したものである。地点Bの石灰岩《せっかいがん》の層にはフズリナの化石が含まれていた。

さらに，この2地点A，Bを含む地域の地層をくわしく調べたところ，この地域では，火山活動が一度あったことがわかった。また，地層には上下の逆転や断層は見られず，ほぼ水平に堆積して広がっていることがわかった。

図1

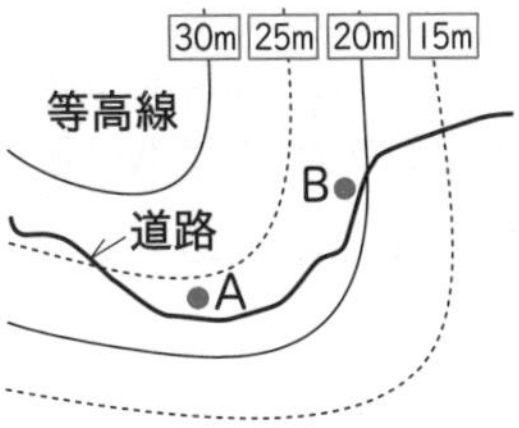

図2

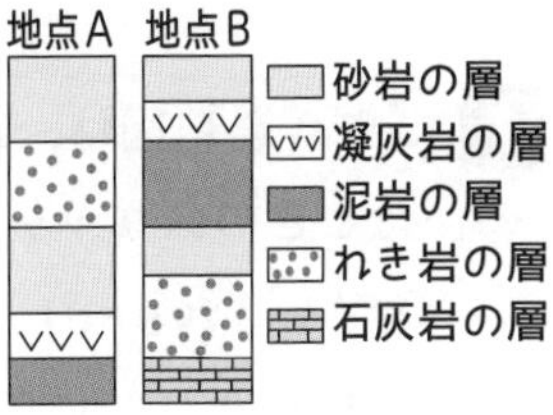

(1) 図2の地点Bの地層で，火山活動の影響でできたと考えられる層はどれか。次の**ア**～**オ**から選びなさい。　〔　　〕

ア 砂岩の層　**イ** 凝灰岩《ぎょうかいがん》の層　**ウ** 泥岩の層

エ れき岩の層　**オ** 石灰岩の層

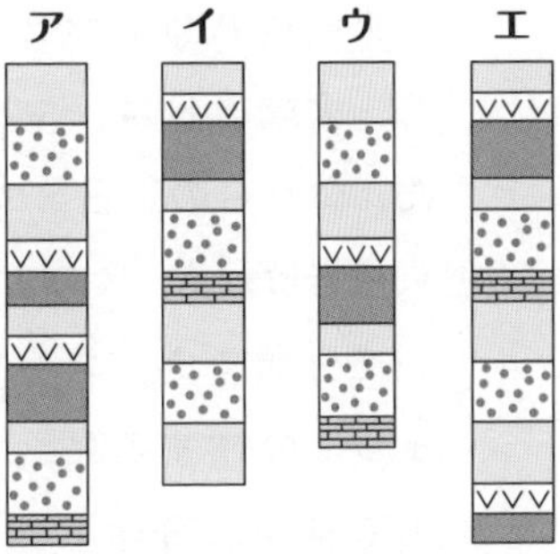

(2) 図2で，石灰岩の層で発見されたフズリナの化石のように，その地層の堆積した時代を知ることができる化石を何といいますか。　〔　　　〕

(3) 図2で，観察した2地点A，Bを含む地域の地層の重なり方を，1つの柱状図として表すとどうなるか。最も適切なものを右の**ア**～**エ**から選びなさい。　〔　　〕

最後にこれだけ確認！

□ **示相化石と示準化石**

①**示相化石**…地層が堆積した当時の環境を推定《すいてい》する手がかりとなる化石。

②**示準化石**…地層が堆積した年代を推定する手がかりとなる化石。

第8日

火山活動と火成岩

月　日

時間 30分　合格点 80点　得点　点

解答→別冊p.17

1 ［火山］次の表は，火山を大きく３つに分けて模式的に表し，それぞれの特徴《とくちょう》をまとめたものである。①～⑥にあてはまる語句を入れなさい。（4点×6）

	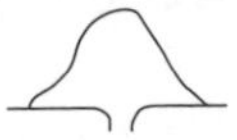	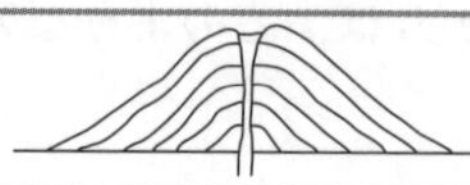	
マグマのねばりけ	①［　　］	←→	②［　　］
噴火《ふんか》のようす	③［　　］	←→	④［　　］
火山噴出物《かざんふんしゅつぶつ》の色	⑤［　　］	←→	⑥［　　］
火山の例	有珠山《うすざん》，雲仙普賢岳《うんぜんふげんだけ》など	桜島《さくらじま》など	マウナロアなど

よく出る **2** ［火成岩］図は，２種類の火成岩Ａ，Ｂのつくりを観察したときのスケッチである。これについて，次の問いに答えなさい。（4点×11）

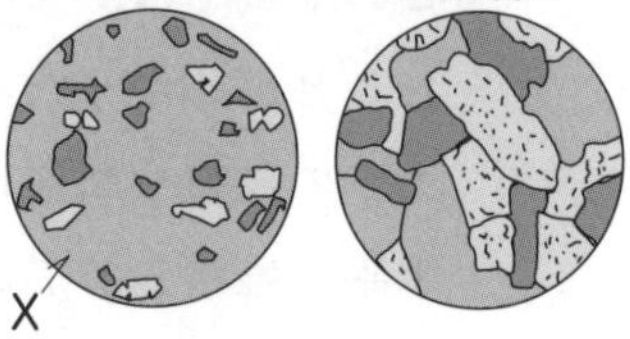

(1) 火成岩Ａについて，Ｘのような結晶《けっしょう》になれなかった細かい部分を何といいますか。［　　］

(2) 火成岩Ｂのような岩石のつくりを何組織《そしき》といいますか。［　　］

(3) 次の文の空欄《くうらん》の①～③にあてはまる語句を書きなさい。

①［　　］②［　　］③［　　］

火成岩Ａは，マグマが地表や地表近くで冷え固まったもので，（　①　）岩という。一方，火成岩Ｂは，マグマが地下の深い所で冷え固まったもので，（　②　）岩という。また，これらの岩石をつくっている，マグマからできた結晶状の粒《つぶ》を（　③　）という。

(4) 火成岩は，Ａ，Ｂのようなつくりの違《ちが》いで分類でき，さらに，色の違いで３つに分類すると，右の表の①～⑥の６種類に分類できる。表の①～⑥にあてはまる岩石名を，次のア～カからそれぞれ選びなさい。

	白っぽい	←→	黒っぽい
火成岩Ａのつくり	①	②	③
火成岩Ｂのつくり	④	⑤	⑥

①［　］②［　］③［　］④［　］⑤［　］⑥［　］

ア 斑《はん》れい岩《がん》　**イ** 安山岩　**ウ** 流紋岩《りゅうもんがん》
エ せん緑岩　**オ** 花こう岩　**カ** 玄武岩《げんぶがん》

3 **[鉱物]** 花こう岩を観察すると，チョウ石，セキエイ，クロウンモ，カクセン石が含《ふく》まれていることがわかった。これについて，次の問いに答えなさい。(4点×2)

(1) これらの鉱物を，白っぽい鉱物と黒っぽい鉱物に分けるとき，白っぽい鉱物はどれか。次の**ア**～**エ**から選びなさい。〔　　〕

ア チョウ石，セキエイ　　**イ** セキエイ，クロウンモ
ウ クロウンモ，カクセン石　　**エ** カクセン石，チョウ石

(2) クロウンモの特徴として，正しいものを次の**ア**～**エ**から選びなさい。〔　　〕

ア 不規則に割れる。　　**イ** 決まった方向にはがれる。
ウ 表面がかがやいていて，磁石につく。　　**エ** 不規則な形で，小さな粒状である。

4 **[火山・鉱物]** 学校付近のあるがけから黒っぽい色の火山灰Aの層を，別のがけから白っぽい色の火山灰Bの層を見つけ，それぞれの層から火山灰を採取した。2つの火山灰は，異なる火山からふき出したことが知られている。火山灰A，Bの鉱物を双眼実体顕微鏡《そうがんじったいけんびきょう》で観察した。図1，図2は，そのときのスケッチで，火山灰中の鉱物は，火成岩に見られる鉱物と同じものだった。次の問いに答えなさい。(6点×4)〔宮城—改〕

図1　火山灰Aの鉱物

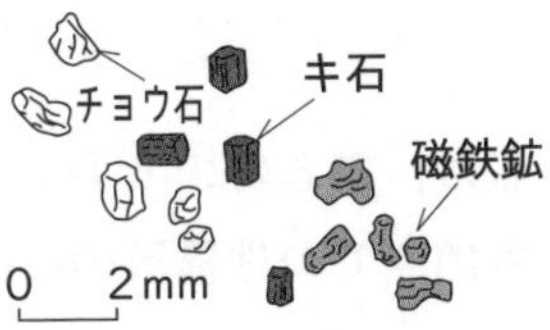

図2　火山灰Bの鉱物

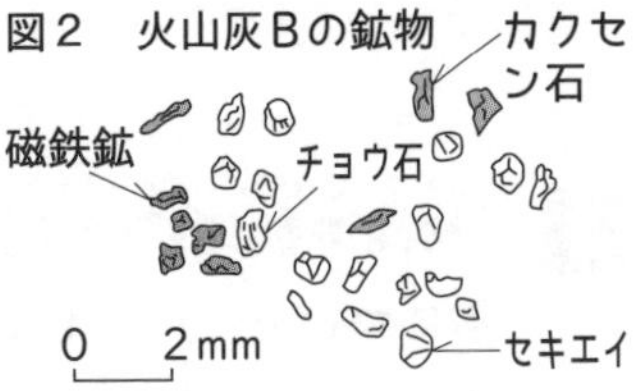

(1) 火山灰などの火山の噴出物が堆積《たいせき》してできた岩石の名称《めいしょう》として正しいものを，次の**ア**～**エ**から選びなさい。〔　　〕

ア 砂岩　**イ** 石灰岩　**ウ** チャート　**エ** 凝灰岩《ぎょうかいがん》

(2) 火山灰Aと火山灰Bの色が異なる理由として適切なものを，次の**ア**～**エ**から選びなさい。〔　　〕

ア 火山灰Aは火山灰Bより有色鉱物の粒が小さいから。
イ 火山灰Aは火山灰Bより有色鉱物の割合が多いから。
ウ 火山灰Aは火山灰Bより含まれる鉱物の種類が少ないから。
エ 火山灰Aは火山灰Bよりセキエイやチョウ石の割合が多いから。

(3) 次の文は，火山灰Aと火山灰Bをそれぞれふき出した火山の噴火のようすやマグマのねばりけについてまとめたものである。次の文の内容が正しくなるように，①，②の(　　)の中から適切なものをそれぞれ選びなさい。①〔　　〕②〔　　〕

火山灰Bをふき出した火山は，火山灰Aをふき出した火山に比べて，噴火は①(**ア** 激しく　**イ** おだやかで)，マグマのねばりけは②(**ウ** 大きい　**エ** 小さい)と推定《すいてい》できる。

最後にこれだけ確認！

□ 火成岩のつくり
①**火山岩**…小さな粒(石基)の中に比較的《ひかくてき》大きな鉱物(斑晶《はんしょう》)が散らばっている。→**斑状組織《はんじょうそしき》**
②**深成岩**…同じくらいの大きさの鉱物が組み合わさっている。→**等粒状組織《とうりゅうじょうそしき》**

解答→別冊p.17

1 [地震《じしん》] 次の①～④にあてはまる語句を入れなさい。(6点×4)

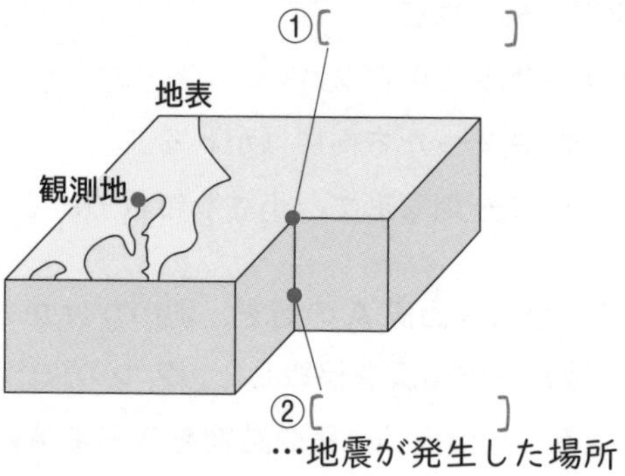

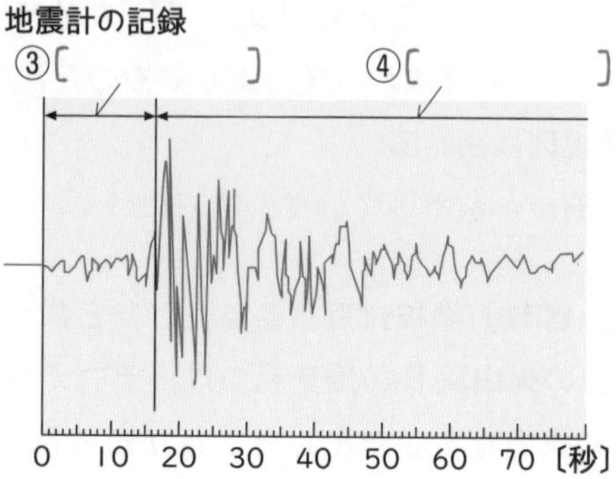

よく出る **2** [初期微動継続時間《しょきびどうけいぞくじかん》] 表は，ある年の5月に三陸沖《さんりくおき》で発生したマグニチュード7.0の地震について，A～Dの各地点での地震計の記録をまとめたものである。また，図はC地点の地震計の記録であり，aで小さくゆれ始め，bで大きなゆれが始まっている。これについて，あとの問いに答えなさい。(6点×5)〔熊本〕

地点	初期微動の始まりの時刻	主要動の始まりの時刻	震度
A	18時24分48秒	18時24分56秒	6弱
B	18時24分52秒	18時25分04秒	5強
C	18時24分54秒	18時25分08秒	5弱
D	18時24分57秒	18時25分14秒	4

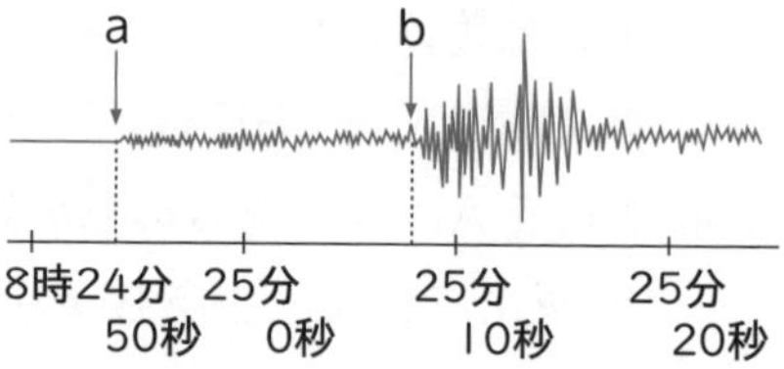

(1) 図において，a～bの初期微動継続時間は何秒ですか。[　　　]

(2) 表から，初期微動の始まりの時刻と初期微動継続時間との関係を示すグラフを，右に描《か》きなさい。

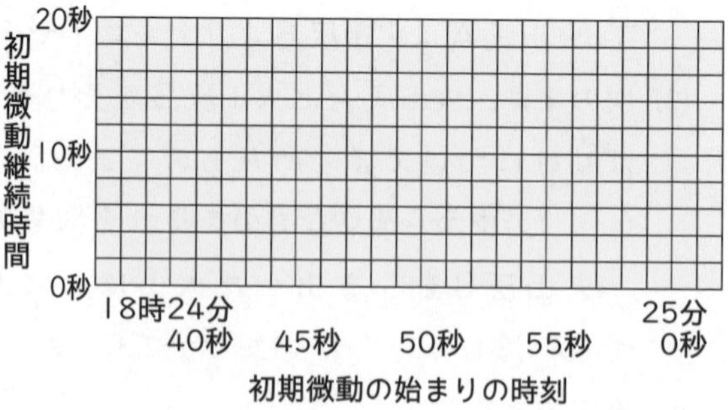

(3) この地震が発生したと考えられる時刻を答えなさい。[　　　]

(4) 次の文の①，②の(　)の中からそれぞれ正しいものを選びなさい。

①[　　　]　②[　　　]

表から，震源からの距離《きょり》が遠い地点ほど，初期微動継続時間は①(**ア** 長く　**イ** 短く)，震度は②(**ウ** 大きい　**エ** 小さい)ことがわかる。

3 **[地震]** 図１は，２月のある日に起こった地震について，図２のＡ，Ｂ，Ｃ３地点で観察したときの地震のゆれ，震源からの距離，地震波の到着《とうちゃく》時刻の関係を模式的に表したものである。また，図２のア～エのいずれかは，この地震の震央の予想地点である。次の問いに答えなさい。ただし，この地震の震源は浅く，観測地点の震源からの距離と震央からの距離は同じとする。(7点×4)〔大分〕

(1) 図１から，この地震の発生時刻は９時何分何秒ですか。

〔　　　　〕

図１

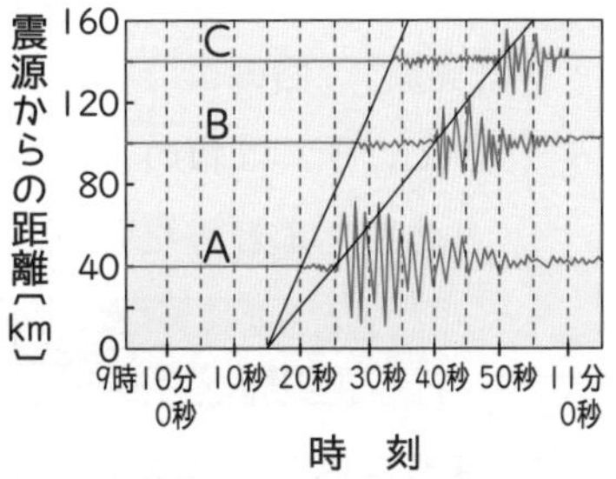

(2) 図１から，初期微動継続時間について説明した文として正しいものを，次の**ア**～**エ**から選びなさい。〔　　　　〕

ア 震源の深さと関係があり，この時間が長いほど震源が浅い地震である。

イ 震源からの距離と関係があり，この時間が長いほど震源からの距離が近い地震である。

ウ 震源を同時に出発した，速さの異なる２つの波の到着時刻の差である。

エ 震源を別の時刻に出発した，速さの同じ２つの波の到着時刻の差である。

図２

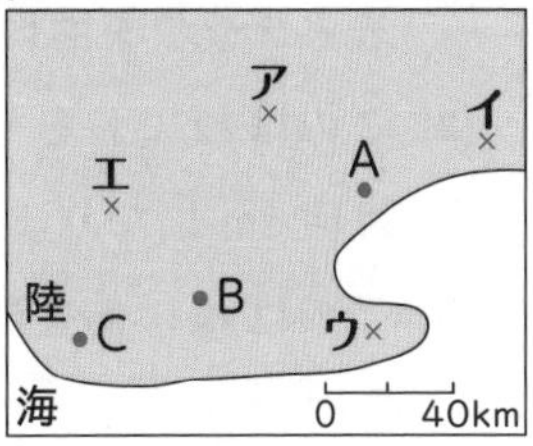

(3) 図２において，震央の予想地点を**ア**～**エ**から選びなさい。〔　　　　〕

(4) 図１において，震源から X km 離《はな》れた地点では主要動を起こす波の到着時刻は９時 10 分 37 秒であった。X を求めなさい。〔　　　　〕

4 **[プレートの動き]** 右の図は，大陸から太平洋にかけての海底地形の模式図である。次の問いに答えなさい。(6点×3)

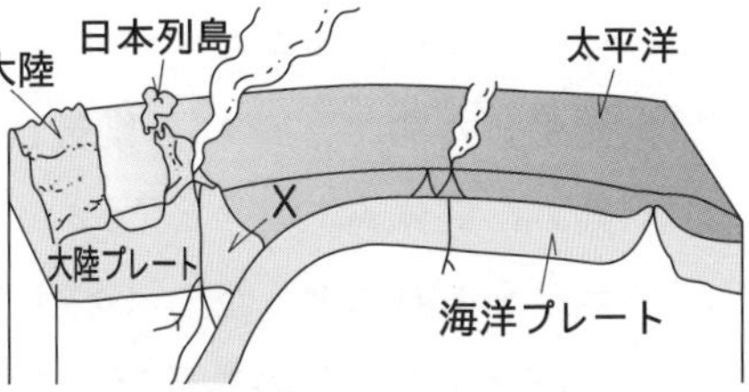

(1) 日本付近で，図のＸ地点付近に地震の震源が集中している理由を説明した次の文の空欄《くうらん》の①，②にあてはまる語句を書きなさい。

日本列島の太平洋側では，（　①　）プレートが（　②　）プレートの下にもぐりこむため，（　②　）プレートが引きずりこまれ，ゆがみにたえきれなくなった（　②　）プレートが反発してもどる。このとき，大地震が起こる。　①〔　　　　〕　②〔　　　　〕

記述式 (2) (1)のプレートの動きから考えて，震源の深さは大陸側にいくほどどうなっていると考えられますか。〔　　　　〕

最後にこれだけ確認！

□ **地震のゆれ**

①**初期微動**…はじめにくる小さなゆれ。Ｐ波によって起こる。

②**主要動**…初期微動のあとにくる大きなゆれ。Ｓ波によって起こる。

第10日 仕上げテスト

時間 30分　合格点 75点　得点　　点

解答→別冊p.18

1 **［ばねののび］** ばねののびについて調べるために，次の実験を行った。あとの問いに答えなさい。ただし，100gの物体にはたらく重力の大きさを1Nとする。（7点×3）

〔実験〕 図のように，ばねに20gのおもりを1個，2個，3個…とつるしていき，ばねの全体の長さがどのように変化するかを調べた。表は，その結果をまとめたものである。

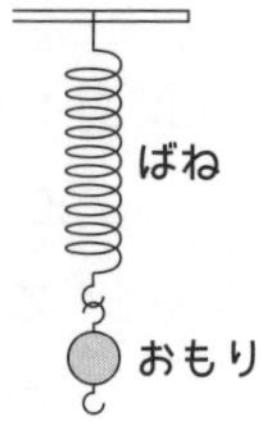

おもりの個数〔個〕	1	2	3	4	5
ばね全体の長さ〔cm〕	15.0	16.5	18.0	19.5	21.0

(1) ばねにはたらく力の大きさとばねののびとの関係を表すグラフを右に描《か》きなさい。

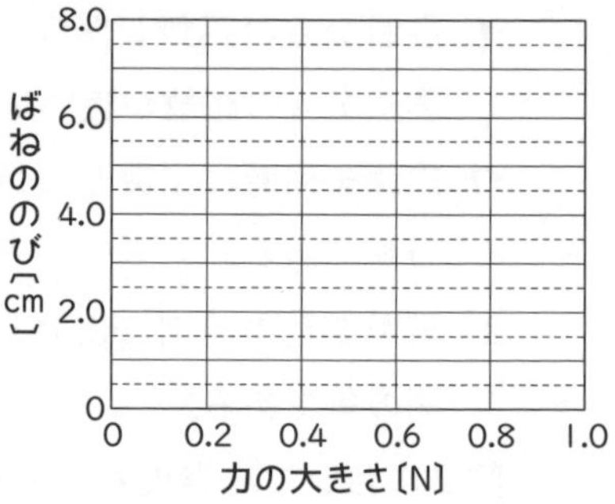

(2) このばねにおもりを7個つるしたときのばねののびは何cmになりますか。〔　　　〕

(3) このばねにある物体をつるすと，ばね全体の長さは27.0cmになった。ばねにつるした物体の質量は何gですか。〔　　　〕

2 **［物質の分類・気体の性質］** 次の実験について，あとの問いに答えなさい。（7点×5）

〔実験〕 図1のように，三角フラスコに二酸化マンガンを入れ，オキシドールを加えると，気体Aが発生したので，それを集気びんに集めた。次に，集めた気体Aの中へ，図2のように，火のついた木炭を入れると，激しく燃えて，灰が残った。木炭が燃えたあとの集気びんの中に石灰水《せっかいすい》を入れて振《ふ》ると，白く濁《にご》ったことから，気体Bができたことがわかった。

図1

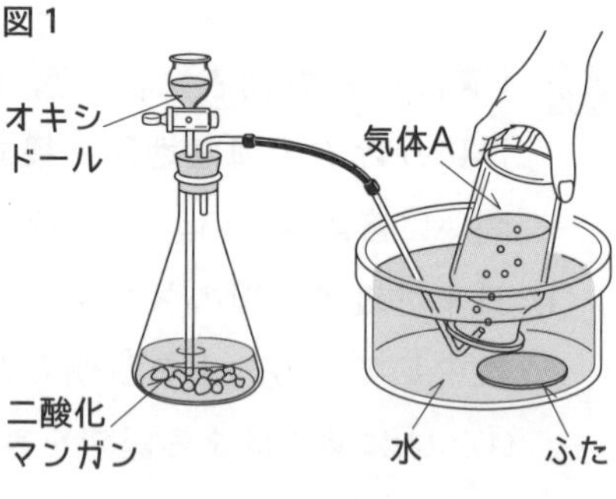

図2

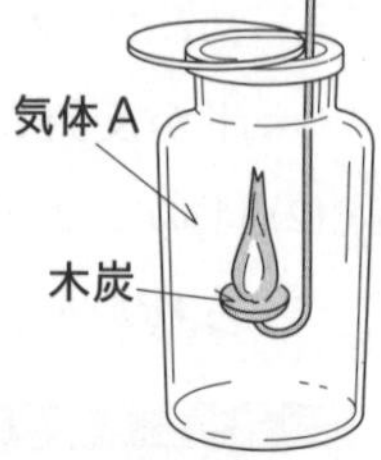

(1) 気体A，気体Bはそれぞれ何ですか。

気体A〔　　　〕　気体B〔　　　〕

(2) 木炭のように，燃えて気体Bを生じる物質を一般《いっぱん》に何といいますか。〔　　　〕

記述式 (3) 気体Bの入った集気びんの中に火のついたろうそくを入れるとどうなりますか。〔　　　〕

(4) 燃えても気体Bが発生しないものを，次のア～エから選びなさい。〔　　　〕

ア エタノール　**イ** 紙　**ウ** アルミニウム　**エ** ポリエチレン

3 **[動物の分類]** 次の図は，身のまわりの動物を，いろいろな特徴《とくちょう》をもとにA～Gのなかまに分類したものである。あとの問いに答えなさい。(7点×4)

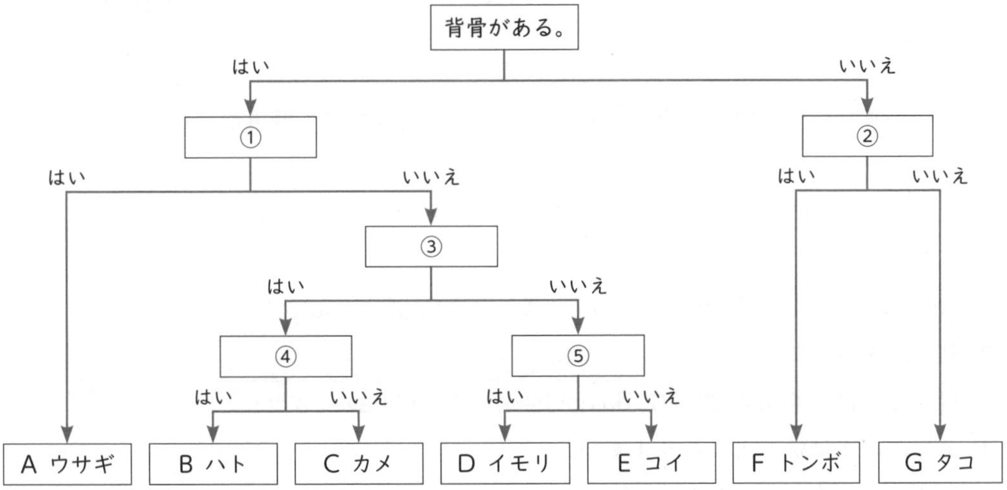

(1) ①～⑤は，次の**ア**～**オ**のいずれかの特徴があてはまる。②，④にあてはまるものをそれぞれ選びなさい。　②[　　]　④[　　]

ア からだが羽毛でおおわれている。　**イ** からだが外骨格でおおわれている。

ウ 肺で呼吸する時期がある。　**エ** 殻《から》のある卵を産《う》む。

オ 子が親の体内である程度育ってから生まれる。

(2) Cのなかまに分類される動物を，次の**ア**～**オ**からすべて選びなさい。　[　　]

ア オオサンショウウオ　**イ** ワニ　**ウ** イルカ　**エ** ヘビ　**オ** トカゲ

(3) Gに分類される動物のなかまを何動物といいますか。　[　　]

4 **[地層]** 図1は，ある地域の等高線のようすを模式的に表したものである。図1のA地点とB地点で，地表から深さ15mまでの地下のようすを調べた。図2は，それぞれの地点の地下のようすを表した柱状図である。次の問いに答えなさい。(8点×2)〔静岡〕

図1

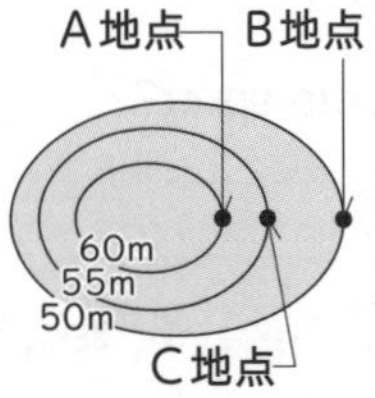

図2

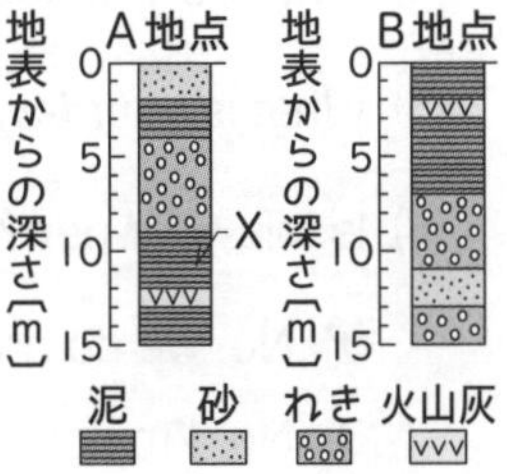

記述式 (1) 図2のXで示した泥《どろ》の層から，貝の化石が見つかった。この化石は，示相化石である。一般に，示相化石からは，どのようなことがわかるか。簡単に書きなさい。

[　　　　　　　　　　]

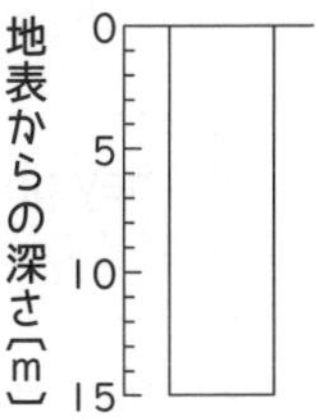

(2) 図1のC地点でも，地表から深さ15mまでの地下のようすを調べることになった。このとき，どのような柱状図が得られると推定《すいてい》されるか。地層は水平につながっており，地層の厚さは変化していないものと仮定し，図2のそれぞれの地層を表す記号を使って，推定される柱状図を右の図に描《か》きなさい。

英語

第1日 be動詞・一般動詞

月　日

時間 30分
合格点 80点
得点　点

解答→別冊p.18

1 [適語選択] (　)内から適切な語句を選んで，記号を○で囲みなさい。(3点×5)

(1) メアリーとケイトはとても親切です。

Mary and Kate (ア play　イ is　ウ aren't　エ are) very kind.

(2) あなたは毎日，英語を勉強します。

You (ア do not　イ study　ウ do　エ are) English every day.

(3) 私は車を持っていません。

I (ア don't　イ am not　ウ do not have　エ not have) a car.

(4) あなたの本は机の上にありますか。

(ア Are　イ Do　ウ Am　エ Is) your book on the desk?

(5) あれはジョンの自転車です。

That (ア is　イ am　ウ are　エ do) John's bike.

よく出る **2** [適文選択] 正しい問答文になるように，[　]内に最も適切な答えの文を下から選んで，記号で答えなさい。(4点×6)

(1) Are you a soccer fan? －[　　]

(2) Do you and your family eat rice for breakfast? －[　　]

(3) Are they in the kitchen now? －[　　]

(4) What do you usually do after school? －[　　]

(5) What is your favorite sport? －[　　]

(6) Is this your pen? －[　　]

ア No, we do not.　イ Yes, it is.　ウ Yes, they are.

エ No, I'm not.　オ It's baseball.　カ I play soccer.

記述式 **3** [書きかえ] 次の英文を(　)内の指示にしたがって書きかえなさい。(4点×3)

(1) This story is interesting. (否定文に)

____

(2) They go to bed at eleven. (疑問文に)

____

(3) You are happy. (疑問文に)

____

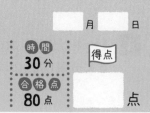

よく出る **4** **[適語補充]** 次の日本語の意味になるように，[ ]内に適切な語を入れなさい。(5点×5)

(1) 私はあなたたちのクラスメートです。

I [ ] your classmate.

(2) 彼らは自転車で学校へ行きません。

They [ ] [ ] to school by bike.

(3)「あなたのお母さんは今日忙しいですか。」「いいえ，忙しくありません。」

“[ ] your mother [ ] today?” “No, [ ] [ ].”

(4)「トムと彼のお父さんは時々ここに来ますか。」「いいえ，来ません。」

“[ ] Tom and his father sometimes [ ] here?” “No, [ ] [ ].”

(5) こちらはグリーン先生です。

[ ] [ ] Mr. Green.

5 **[同意書きかえ]** 次の各組の文が同じ意味になるように，[ ]内に適切な語を入れなさい。(5点×2)

(1)
English is my favorite subject.
I [ ] English very much.

(2)
You are a good English speaker.
You [ ] English well.

記述式 **6** **[英作文]** 次の日本文を英語に直しなさい。( )内の語を参考にすること。(7点×2)

(1) ミキと私は毎週火曜日，いっしょにテニスを練習します。(together, Tuesday)

____

(2) あなたたちはしばしば音楽を聞きますか。(listen)

____

最後にこれだけ確認！

確認チェック

☐ **be動詞のまとめ**

①be動詞 am，are，is は主語によって使い分ける。

②否定文は be動詞の後ろに not を置き，疑問文は be動詞を主語の前に置く。
答えの文にも be動詞を使う。

☐ **一般動詞のまとめ**

①一般動詞は be動詞以外の動詞で，１つ１つ意味がちがう。

②否定文は一般動詞の前に don't[do not] を置き，疑問文は Do を主語の前に置く。答えの文にも do を使う。

第2日 複数形

月　　日

時間 30分
合格点 80点
得点　　点

解答→別冊p.19

1 **[語の類推]** C，D の関係が A，B の関係と同じになるように，D の[　]内に適切な語句を入れなさい。(3点×4)

	A	B	C	D
(1)	cup	a cup	apple	[　　　]
(2)	dog	dogs	family	[　　　]
(3)	pencil	pencils	bus	[　　　]
(4)	songs	song	leaves	[　　　]

複数形は(e)sをつけるだけでなく，不規則に変化するものもあるよ！

よく出る **2** **[適語選択]** (　)内から適切な語句を選んで，記号を○で囲みなさい。(3点×3)

(1) I eat two (ア orange　イ an oranges　ウ oranges) every day.

(2) That's (ア a big animal　イ big animals　ウ big an animal).

(3) They don't have any (ア dog　イ dogs　ウ a dog).

3 **[語形変化]** (　)内の語を，正しい形にして[　]内に入れなさい。かえる必要のないときはそのまま書きなさい。(4点×4)

(1) Those are your [　　　　　]. (picture)

(2) They have a lot of [　　　　　] today. (homework)

(3) Do you have any [　　　　　] in your room? (computer)

(4) They are Mr. Brown's [　　　　　]. (child)

4 **[並べかえ]** 日本語の意味になるように，(　)内の語句を並べかえなさい。ただし，不要なものが１つあります。(4点×2)

(1) 彼らの２台の車はとてもすてきです。(nice, two, their, car, are, very, cars).

____.

(2) 私は机の中にたくさんのノートを持っています。
(a, a lot of, have, in the desk, notebooks, I).

____.

5 〔適語補充〕 次の日本語の意味になるように，〔 〕内に適切な語を入れなさい。(5点×5)

(1) 私は何枚かの CD を持っています。

I have 〔　　　　〕〔　　　　〕.

(2) 私は毎日２時間英語を勉強します。

I study English for 〔　　　　〕〔　　　　〕 every day.

(3) 私は辞書を一冊も持っていません。

I don’t have 〔　　　　〕〔　　　　〕.

(4) 「それらの少女たちはねこが好きですか。」「はい，好きです。」

“Do those girls like 〔　　　　〕?” “Yes, they do.”

(5) 「あなたは姉妹が何人いますか。」「2人います。」

“〔　　　　〕〔　　　　〕〔　　　　〕 do you have?” “I have two.”

記述式 **6** 〔書きかえ〕 次の英文を(　)内の指示にしたがって書きかえなさい。(6点×3)

(1) My brother is a college student.（主語を My brothers にかえて）

＿＿＿＿＿＿＿＿＿＿＿＿＿＿＿＿＿＿＿＿

(2) This box isn’t big.（This を These にかえて）

＿＿＿＿＿＿＿＿＿＿＿＿＿＿＿＿＿＿＿＿

(3) We are good baseball players.（否定文に）

＿＿＿＿＿＿＿＿＿＿＿＿＿＿＿＿＿＿＿＿

記述式 **7** 〔条件英作文〕 次のようなとき，あなたならどのように言いますか。英語で書きなさい。

(6点×2)

(1) 「自分はおもしろい本を一冊持っている」と言いたいとき。

＿＿＿＿＿＿＿＿＿＿＿＿＿＿＿＿＿＿＿＿

(2) 「自分たちには，今日は英語の授業が一つもない」と言いたいとき。

＿＿＿＿＿＿＿＿＿＿＿＿＿＿＿＿＿＿＿＿

最後にこれだけ確認！

□ 複数形のまとめ

①数えられる名詞が２つ以上あるとき，語尾に s，es をつけて複数形にする。

②不規則に変化する名詞の単数形と複数形はセットで覚える。

例：child → children　　man → men　　woman → women

月　日

第3日　命令文

時間 30分　合格点 80点　得点　点

解答→別冊p.19

よく出る **1** ［適文選択］次の日本語の意味を表す正しい英文を選んで，記号を○で囲みなさい。

（3点×4）

(1) いっしょにテニスをしましょう。

ア Let's play tennis together.

イ Play tennis together.

ウ We play tennis together.

(2) このペンを使ってはいけません。

ア Do you use this pen?

イ You don't use this pen.

ウ Don't use this pen.

(3) トム，いい子でいなさい。

ア Be a good boy, Tom.

イ You are a good boy, Tom.

ウ Tom is a good boy.

(4) どうぞ座ってください。

ア Don't sit down.

イ You sit down.

ウ Please sit down.

2 ［適文選択］次の絵のような場面では，どのように言いますか。適する文を選んで，記号を○で囲みなさい。（4点×2）

(1)

ア You swim here.

イ Don't swim here.

ウ Swim here.

(2)

ア We don't go to the zoo.

イ Don't go to the zoo.

ウ Let's go to the zoo.

3 ［適語補充］次の日本語の意味になるように，［　］内に適切な語を入れなさい。（4点×4）

(1) 夜にピアノをひいてはいけません。［　　　　］play the piano at night.

(2) 子どもたちといっしょに歌を歌いましょう。［　　　　］sing songs with the children.

(3) ケンタ，毎日英語を勉強しなさい。 Kenta,［　　　　］English every day.

(4) どうぞ台所の窓を開けてください。

［　　　　］the window in the kitchen,［　　　　］.

4 ［英文和訳］次の英文を日本語に直しなさい。(5点×2)

(1) Don't speak Japanese.

［　　　　　　　　　　　　　　　　　　　　　　　　　　　　　　　］

(2) Let's play this video game.

［　　　　　　　　　　　　　　　　　　　　　　　　　　　　　　　］

よく出る **5** ［並べかえ］問答文が自然な流れになるように，(　)内の語句を並べかえなさい。(6点×3)

(1) *A*：(camera，please，use，this).

B：No, thank you.　I have my camera.

＿＿＿＿＿＿＿＿＿＿＿＿＿＿＿＿＿＿＿＿＿＿＿＿＿＿＿＿＿＿＿＿.

(2) *A*：(listen，let's，the radio，to) together.

B：No.　I'm busy now.

＿＿＿＿＿＿＿＿＿＿＿＿＿＿＿＿＿＿＿＿＿＿＿＿＿＿＿＿ together.

(3) *A*：(to，by，school，go，don't，bike) today.

B：OK, Mom.

＿＿＿＿＿＿＿＿＿＿＿＿＿＿＿＿＿＿＿＿＿＿＿＿＿＿＿＿＿ today.

記述式 **6** ［書きかえ］次の英文を(　)内の指示にしたがって書きかえなさい。(8点×2)

(1) You are late for school.（「～してはいけません」という文に）

＿＿＿＿＿＿＿＿＿＿＿＿＿＿＿＿＿＿＿＿＿＿＿＿＿＿＿＿＿＿＿＿

(2) You read these English books.（「～しなさい」という文に）

＿＿＿＿＿＿＿＿＿＿＿＿＿＿＿＿＿＿＿＿＿＿＿＿＿＿＿＿＿＿＿＿

記述式 **7** ［条件英作文］次のようなとき，あなたならどのように言いますか。英語で書きなさい。(　)内の語を参考にすること。(10点×2)

(1)「公園で野球をしよう」と相手をさそうとき。(in)

＿＿＿＿＿＿＿＿＿＿＿＿＿＿＿＿＿＿＿＿＿＿＿＿＿＿＿＿＿＿＿＿

(2)「この部屋でテレビを見てはいけない」と言いたいとき。(TV)

＿＿＿＿＿＿＿＿＿＿＿＿＿＿＿＿＿＿＿＿＿＿＿＿＿＿＿＿＿＿＿＿

最後にこれだけ確認！

☐ 命令文のまとめ

命令文には主語はなく，動詞の原形で文を始める。

☐ いろいろな命令文

① Don't ～. = 「～してはいけません」

② Let's ～. = 「～しましょう」

③ Please ～.[～ , please.] = 「～してください」

月　　日

第4日 疑問詞

時間 30分
合格点 80点
得点　　点

解答→別冊 p.20

よく出る **1** ［適語選択］(　)内から適切な語を選んで，記号を○で囲みなさい。(3点×4)

(1) (ア Who　イ When　ウ Where　エ Whose) dictionary is this?〔沖縄〕

(2) *A*：(ア When　イ What　ウ How　エ Who) do you like my hat?〔千葉〕
B：It's beautiful. I like the color very much.

(3) *Jane*：Hello, Yuri. (ア Which　イ How　ウ When) are you?
Yuri　：Hello, Jane. I'm fine.

(4) *A*：(ア What　イ When　ウ Where　エ Why) do you play baseball?
B：We play it near the river.

2 ［適語補充］正しい問答文になるように，〔　〕内に適切な語を入れなさい。(4点×4)

(1) *A*：How〔　　　　　〕brothers do you have?
B：Two brothers.〔岩倉高〕

(2) *A*：〔　　　　　〕much is this bag?
B：It's 3,000 yen.

(3) *A*：〔　　　　　〕do you go to the library?
B：I go there on Sundays.

(4) *A*：〔　　　　　〕is the weather today?
B：It's rainy now. Take an umbrella with you.〔学習院高—改〕

記述式 **3** ［書きかえ］次の英文の下線部をたずねる文を書きなさい。(5点×3)

(1) They play the guitar <u>in my room</u>.

＿＿＿＿＿＿＿＿＿＿＿＿＿＿＿＿＿＿＿＿＿＿＿＿＿＿＿＿

(2) Ken's school is <u>fifty</u> years old.

＿＿＿＿＿＿＿＿＿＿＿＿＿＿＿＿＿＿＿＿＿＿＿＿＿＿＿＿

(3) It's <u>nine o'clock</u> now.

＿＿＿＿＿＿＿＿＿＿＿＿＿＿＿＿＿＿＿＿＿＿＿＿＿＿＿＿

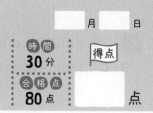

4 ［適文選択］正しい問答文になるように，〔　〕内に最も適切な答えの文を下から選んで，記号で答えなさい。（5点×4）

where は「どこ」
what は「何」
when は「いつ」
という意味だよ。

(1) Where do your parents work? ―〔　　〕

(2) What do they have in their hands? ―〔　　〕

(3) When are they free? ―〔　　〕

(4) What do the boys do after school? ―〔　　〕

ア They have a lot of cards.
イ They listen to songs after school.
ウ They work at a hotel.
エ They are free on Monday and Friday.
オ They work on Saturday.

5 ［並べかえ］問答文が自然な流れになるように，(　)内の語を並べかえなさい。（7点×3）

(1) *A*：(is, that, who, woman) over there?
B：She is my English teacher Ms. White.

＿＿＿＿＿＿＿＿＿＿＿＿＿＿＿＿＿＿＿＿ over there?

(2) *A*：(do, which, like, season, you)?
B：I like spring.

＿＿＿＿＿＿＿＿＿＿＿＿＿＿＿＿＿＿＿＿＿＿＿?

(3) *A*：(you, how, have, do, many, classes) today?
B：We have six classes.

＿＿＿＿＿＿＿＿＿＿＿＿＿＿＿＿＿＿＿＿ today?

記述式 **6** ［英作文］次の日本文を英語に直しなさい。（8点×2）

(1) あなたはどこでその犬を見ますか。

＿＿＿＿＿＿＿＿＿＿＿＿＿＿＿＿＿＿＿＿＿＿＿＿

(2) 彼らはこの箱をどのように使いますか。

＿＿＿＿＿＿＿＿＿＿＿＿＿＿＿＿＿＿＿＿＿＿＿＿

最後にこれだけ確認！

□ **疑問詞のまとめ**
疑問詞は文頭に置かれ，yes / no では答えられない。

□ **いろいろな疑問詞**
what「何」，when「いつ」，where「どこ」，who「だれ」，how「どのように」，why「なぜ」，
whose「だれの」，which「どちら」，how many「いくつ」，what time「何時」

第5日 3人称単数現在

月　　日

時間 30分
合格点 80点
得点　　点

解答→別冊p.21

よく出る **1** ［適語選択］(　)内から適切な語句を選んで，記号を○で囲みなさい。(2点×4)

(1) He usually (ア watch　イ watches　ウ is watch) TV after dinner.

(2) Emi (ア don't　イ isn't　ウ doesn't) like cats.

(3) We (ア play　イ plays　ウ are play) basketball after school.

(4) (ア Does　イ Is　ウ Are) she a good tennis player?

2 ［適文選択］正しい問答文になるように，〔　〕内に最も適切な答えの文を下から選んで，記号で答えなさい。(3点×4)

(1) Does your sister make dinner?　―〔　　　〕

(2) What does Takuya study?　―〔　　　〕

(3) Is this girl a student?　―〔　　　〕

(4) Who uses this computer?　―〔　　　〕

ア Masako is.　イ Yes, she is.　ウ No, she does not.
エ He studies math.　オ Masako does.　カ No, he is not.

3 ［適語補充］次の日本語の意味になるように，〔　〕内に適切な語を入れなさい。(4点×4)

(1) カナは鳥の写真を撮ります。　Kana〔　　　〕pictures of birds.

(2) マイクは日本語を話しますか。〔　　　〕Mike〔　　　〕Japanese?

(3) トムの弟たちはアメリカに住んでいます。
Tom's brothers〔　　　〕〔　　　〕America.

(4) ノリコは今日，音楽を聞きません。
Noriko〔　　　〕〔　　　〕to music today.

よく出る **4** ［語形変化］(　)内の語を，正しい形にして〔　〕内に入れなさい。かえる必要のないときはそのまま書きなさい。(4点×3)

(1) Judy〔　　　〕a new CD. (want)

(2) Kazuya and Masaki〔　　　〕that singer. (know)

(3) This child〔　　　〕a new doll. (have)

5 **[並べかえ]** 日本語の意味になるように，(　)内の語句を並べかえなさい。ただし，不要なものが１つあります。(6点×3)

(1) ヒデオは朝早く起きます。(the morning, early, gets, get, Hideo, up, in).

______________________________.

(2) 私の母は英語の本を読みません。
(don't, my mother, read, books, doesn't, English).

______________________________.

(3) ユミコとエリは自転車で学校に行きます。
(bike, school, go, by, to, goes, Yumiko and Eri).

______________________________.

記述式 **6** **[書きかえ]** 次の英文を(　)内の指示にしたがって書きかえなさい。(6点×3)

(1) I carry these boxes to the classroom.（主語を Yuka にかえて）

____

(2) That student uses this red pen.（疑問文に）

____

(3) Ayako practices the piano at home.（下線部をたずねる疑問文に）

____

記述式 **7** **[英作文]** 次の日本文を英語に直しなさい。(8点×2)

(1) ミキは美しい花を何本か持っています。

____

(2) 彼はよく放課後にサッカーをします。

____

最後にこれだけ確認！

□ **３人称単数現在の文**
①主語が３人称単数で現在の文のとき，一般動詞の語尾に s，es がつく。
② have は不規則に変化し，has となる。

□ **３人称単数現在の文の否定文と疑問文**
一般動詞の否定文は動詞の前に doesn't[does not] を置き，疑問文は Does を主語の前に置く。答えの文にも does を使う。

月　日

時間 30分
合格点 80点
得点　点

第6日 助動詞 can

解答→別冊 p.22

1 [適語選択] (　)内から適切な語句を選んで，記号を○で囲みなさい。(3点×4)

(1) You can (ア sings　イ are sing　ウ sing) songs very well.

(2) Risa can (ア speak　イ speaks　ウ is speak) English.

(3) My friends (ア are not　イ cannot　ウ does not) play baseball.

(4) (ア Is　イ Do　ウ Can) your father write *kanji*?

2 [適文選択] 次の絵のような場面では，どのように言いますか。適する文を選んで，記号を○で囲みなさい。(4点×2)

(1)

ア Hello. Can you speak to Judy?

イ Hello. Can we speak to Judy?

ウ Hello. Can I speak to Judy?

(2)

ア Can you carry this bag for me?

イ Can I carry this bag for me?

ウ Do you have a bag?

3 [並べかえ] 日本語の意味になるように，(　)内の語句を並べかえなさい。ただし，不要なものが１つあります。(5点×4)

(1) エミとヒデオは，海で泳ぐことができます。

(swim, Emi and Hideo, the sea, in, can, swims).

____.

(2) 彼女は夕食を作ることができません。(doesn't, she, make, cannot, dinner).

____.

(3) 私を手伝ってくれませんか。(you, me, I, help, can)?

____?

(4) だれがじょうずにピアノをひくことができますか。

(can, the, play, who, well, plays, piano)?

____?

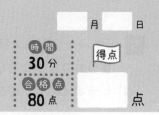

4 ［適語補充］次の日本語の意味になるように，〔　〕内に適切な語を入れなさい。（4点×3）

(1) トムはとても速く走ることができます。Tom〔　　　　〕run very fast.

(2) 彼は野球を練習しません。He〔　　　　〕〔　　　　〕baseball.

(3) 私たちはいつダンスをしてもいいですか。

〔　　　　〕〔　　　　〕we dance?

記述式 **5** ［書きかえ］次の英文を(　)内の指示にしたがって書きかえなさい。（6点×3）

(1) Your brother uses this computer.（can を使って「～できます」という文に）

____

(2) They can get some money.（否定文に）

____

(3) Takuya can go to the park <u>by bike</u>.（下線部をたずねる疑問文に）

____

6 ［同意書きかえ］次の各組の文が同じ意味になるように，〔　〕内に適切な語を入れなさい。（6点×3）

(1) Please tell me about it.
〔　　　　〕you tell me about it?

(2) I'm not a good English speaker.
I〔　　　　〕speak English well.

(3) She is our good English teacher.
She〔　　　　〕〔　　　　〕English to us well.

記述式 **7** ［条件英作文］次のようなとき，あなたならどのように言いますか。英語で書きなさい。

（6点×2）

(1) 自分はギターをひくことができる，と言いたいとき。

____

(2) どこで写真を撮ってもよいか，とたずねたいとき。

____

最後にこれだけ確認！

□ can を使った文
主語が何であっても，can のあとの動詞は原形にする。

□ can を使った文の否定文・疑問文
否定文は動詞の前に cannot[can't] を置き，疑問文は Can を主語の前に置く。答えの文にも can を使う。

□ can を使った疑問文
主語や文の意味に合わせて「～できますか」「～してもいいですか」などに訳し分けよう。

月　日

第7日 現在進行形

時間 30分
合格点 80点
得点　点

解答→別冊 p.22

1 ［適語選択］（　）内から適切な語句を選んで，記号を〇で囲みなさい。（3点×5）

(1) Jack (ア use　イ does use　ウ is use　エ is using) the computer now.

(2) We're (ア have　イ having　ウ are have　エ are having) lunch in the cafeteria.

(3) Yuka's dog isn't (ア runs　イ run　ウ is running　エ running) with her.

(4) (ア Is　イ Are　ウ Does　エ Do) your brother watching the game on TV?

(5) "What are you doing now?" " I (ア listening　イ am listening　ウ doing listen　エ are listening) to music."

2 ［適語補充］次の日本語の意味になるように，〔　〕内に適切な語を入れなさい。（4点×5）

(1) あなたはあの新しい先生を知っていますか。

〔　　　　〕 you 〔　　　　〕 that new teacher?

(2) 私はここでケンを待っているところです。

〔　　　　〕〔　　　　〕 for Ken here.

(3) あなたのお父さんは向こうで何をしているのですか。

What 〔　　　　〕 your father 〔　　　　〕 over there?

(4) 祖母は今，庭のベンチに座っています。

My grandmother 〔　　　　〕〔　　　　〕 on the bench in the garden now.

(5) たくさんの少年たちが公園でサッカーをしています。

A lot of boys 〔　　　　〕〔　　　　〕 soccer in the park.

よく出る

3 ［語形変化］（　）内の語を，正しい形にして〔　〕内に入れなさい。（4点×5）

(1) They are 〔　　　　〕 songs in the music room. (sing)

(2) My father is 〔　　　　〕 his car in front of our house. (wash)

(3) What are you 〔　　　　〕? (write)

(4) Are the boys 〔　　　　〕 in that river? (swim)

(5) One of the students 〔　　　　〕 a friend in Australia. (have)

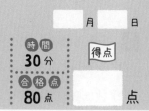

4 **［適語選択・語形変化］** 右から適切な語を選んで，必要なら適切な形にかえて〔 〕内に入れなさい。ただし，同じ語は２度使わないこと。(5点×5)

(1) *A*：Look at the boy over there. What is he doing near the flowers? 〔熊本―改〕
B：Maybe he is 〔　　　　〕 a picture. He has a pencil and some paper in his hands.

(2) This machine is not 〔　　　　〕.

(3) “What are you doing?” “I’m 〔　　　　〕 for my pen.”

(4)「朝食の用意ができました。」「今，行きます。」
“Breakfast is ready.” “I’m 〔　　　　〕.” 〔玉川学園高―改〕

(5) *A*：Hi, Taku.
B：Hi, Emily. Look! This is my new tennis racket.
A：That’s great. Where are you 〔　　　　〕?
B：To Midori Park.

come
look
work
go
draw

5 **［並べかえ］** 日本語の意味になるように，(　)内の語句を並べかえなさい。ただし，不要なものが１つあります。(5点×2)

(1) トモヤとジュンはどこでサッカーをしていますか。
(are, playing, where, do, Tomoya and Jun, soccer)?
____?

(2) 母は友だちと電話で話しています。
(with her friend, talks, is, my mother, talking) on the phone. 〔沖縄―改〕
____ on the phone.

記述式 **6** **［英作文］** 次の日本文を英語に直しなさい。(　)内の語を参考にすること。(5点×2)

(1) 私たちは図書館へ行くところではありません。(library)
____

(2) 難しい数学の問題を解いているところなんだ。(difficult, problem, solve) 〔同志社高〕
____

最後にこれだけ確認！

☐ **現在進行形の文**
現在進行形の文は〈be 動詞＋動詞の ing 形〉で表す。

☐ **現在進行形の否定文・疑問文**
否定文は be 動詞のあとに not を置き，疑問文は be 動詞を主語の前に置く。答えの文にも be 動詞を使う。

月　　日

時間 30分　合格点 80点　得点　　点

第8日 過去形

解答→別冊p.23

1 ［適語選択］(　)内から適切な語句を選んで，記号を○で囲みなさい。(2点×5)

(1) She (ア visits　イ visiting　ウ visit　エ visited) Nara two years ago.

(2) Bob (ア read　イ don't read　ウ reading　エ aren't reading) this book.

(3) (ア Is　イ Was　ウ Are　エ Were) Mr. Brown your English teacher last year?

(4) Did Takayuki (ア have　イ has　ウ had　エ having) a big dog?

(5) These students (ア not come　イ don't come　ウ didn't come　エ came not) to school yesterday.

よく出る **2** ［適語選択・語形変化］右から適切な語を選んで，必要なら適切な形にかえて〔　〕内に入れなさい。ただし，同じ語は２度使わないこと。(3点×5)

live
buy
be
listen
study

(1) They〔　　　　〕classmates last year.

(2) Was Yumi〔　　　　〕English at eight last night?

(3) Tom didn't〔　　　　〕in America three years ago.

(4) Last week, she〔　　　　〕a DVD at a store.〔沖縄〕

(5) Did you〔　　　　〕to music last night?

3 ［適語補充］次の日本語の意味になるように，〔　〕内に適切な語を入れなさい。(4点×5)

(1) 私はそのとき，テレビを見ていませんでした。

I〔　　　　〕〔　　　　〕TV then.

(2) アユミは先週ピアノの練習をしませんでした。

Ayumi〔　　　　〕〔　　　　〕the piano last week.

(3) 私の父は昨夜遅く帰宅しました。

My father〔　　　　〕home late〔　　　　〕night.

(4) あなたは夕食の前に手を洗いましたか。

〔　　　　〕you〔　　　　〕your hands before dinner?

(5) カナはいつこの本を手に入れましたか。

〔　　　　〕〔　　　　〕Kana〔　　　　〕this book?

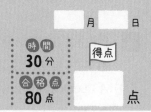

4 ［適語補充］正しい問答文になるように，［　］内に適切な語を入れなさい。（4点×3）

(1) *A*：［　　　　］［　　　　］ you go to the concert yesterday?

B：I went there by train.

Did ～? の疑問文には
didを使って答えるよ！

(2) *A*：Did Kenta and Tom stay in Okinawa last month?

B：No,［　　　　］［　　　　］.

(3) *A*：Did Bill help his mother?

B：Yes, he［　　　　］.

記述式 **5** ［書きかえ］次の英文を(　)内の指示にしたがって書きかえなさい。（5点×3）

(1) The boys made lunch for their family.（進行形の文に）

____

(2) She was tired yesterday.（4語の否定文に）

____

(3) <u>Ms. Green</u> wrote this book.（下線部をたずねる疑問文に）

____

6 ［並べかえ］正しい英文になるように，(　)内の語句を並べかえなさい。（7点×2）

(1) (a, of, had, homework, lot, he) yesterday.

____________________________________ yesterday.

(2) (pictures, many, Kaori, the zoo, took, at) last Sunday.

____________________________________ last Sunday.

記述式 **7** ［英作文］次の日本文を英語に直しなさい。（7点×2）

(1) あなたのお父さんはテニス選手でしたか。

____

(2) 私は昨日，そこで一羽のきれいな鳥を見ました。〔愛知〕

____

最後にこれだけ確認！

☐ **一般動詞の過去形**

①動詞の語尾に d，ed をつける。

②否定文は動詞の前に didn't[did not] を置き，疑問文は Did を主語の前に置く。

☐ **be 動詞の過去形**

① be 動詞の過去形 was, were は主語によって使い分ける。

②否定文は be 動詞のあとに not を置き，疑問文は be 動詞を主語の前に置く。

☐ **過去進行形**

①過去進行形の文は〈be 動詞の過去形＋動詞の ing 形〉で表す。

②否定文は be 動詞のあとに not を置き，疑問文は be 動詞を主語の前に置く。

第9日 未来を表す表現

時間 30分
合格点 80点
得点　　点

解答→別冊p.24

1 ［適語選択］(　)内から適切な語句を選んで，記号を○で囲みなさい。(3点×4)

(1) Keiko (ア go　イ going　ウ went　エ will go) to the library tomorrow.

(2) I am (ア played　イ going to play　ウ play　エ will play) tennis with my friends next Sunday.

(3) Nancy (ア isn't　イ doesn't　ウ will not　エ isn't going) be busy tomorrow morning.

(4) (ア Will　イ Are　ウ Did　エ Do) you study English tomorrow?

2 ［適語補充］次の日本語の意味になるように，［　］内に適切な語を入れなさい。(3点×5)

(1) 私は来月，ピアノのコンサートがあります。

I [　　　] [　　　] a piano concert next month.

(2) ユカは将来先生になるでしょう。

Yuka [　　　] [　　　] a teacher in the future.

(3) 私は今週末，ギターを練習するつもりはありません。

I [　　　] [　　　] [　　　] to practice the guitar this weekend.

(4) あなたは明日，部屋をそうじするつもりですか。— はい，そのつもりです。

[　　　] you [　　　] [　　　] clean the room tomorrow?

— Yes, [　　　] [　　　].

(5) 彼女は来年中国に行きますか。— いいえ，行きません。

[　　　] she [　　　] to China next year? — No, she [　　　].

3 ［並べかえ］日本語の意味になるように，(　)内の語句を並べかえなさい。(5点×3)

(1) 私は将来の夢について話します。

(going, about, talk, I'm, to) my future dream.

________________________________ my future dream.

(2) トムは明日，早く起きるつもりはありません。

Tom (early, going, get up, isn't, to) tomorrow.

Tom ________________________________ tomorrow.

(3) あなたは今週末，何をしますか。

(this, you, what, do, will) weekend?

________________________________ weekend?

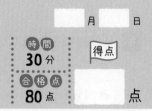

4 ［適文選択］正しい問答文になるように，〔　〕内に最も適切な答えの文を下から選んで，記号で答えなさい。（5点×4）

(1) Will it be sunny tomorrow? ─〔　　〕

(2) Is your brother going to swim in the river next week? ─〔　　〕

(3) What will you cook for lunch? ─〔　　〕

(4) When are they going to have a birthday party? ─〔　　〕

ア No, it isn't.　　イ Yes, he is.

ウ Yes, it will.　　エ I'll cook curry.

オ They'll go to the party.　　カ They're going to have it next Sunday.

記述式 **5** ［書きかえ］次の文を(　)内の指示にしたがって書きかえなさい。（5点×4）

(1) I am at home.（this afternoon を文末につけ加えて，will を使った文に）

____

(2) They will see a movie this weekend.（be 動詞を使ってほぼ同じ内容の文に）

____

(3) It will rain tomorrow evening.（5語の否定文に）

____

(4) Hiro is going to join the club.（下線部をたずねる疑問文に）

____

記述式 **6** ［英作文］次の日本文を英語に直しなさい。(　)内の語数で書くこと。（9点×2）

(1) 私は来年，東京に住みます。（7語）

____

(2) あなたは新しい自転車を買うつもりですか。（8語）

____

最後にこれだけ確認！

□ will の文

①未来の文は，〈will＋動詞の原形〉で表せる。

②否定文は will のあとに not を置き，疑問文は will を主語の前に置く。答えの文にも will を使う。

□ be going to の文

①未来の文は，〈will＋動詞の原形〉以外に，〈be going to＋動詞の原形〉でも表せる。

②否定文は be 動詞のあとに not を置き，疑問文は be 動詞を主語の前に置く。答えの文にも be 動詞を使う。

月　日

第10日 仕上げテスト

時間 30分
合格点 80点
得点　点

解答→別冊p.25

1 **[適語・適文選択]** (　)内から適切な語句や文を選んで，記号を○で囲みなさい。(3点×6)

(1) Let's (ア goes　イ to go　ウ went　エ go) to the park.〔千葉一改〕

(2) Ben (ア leaves　イ leave　ウ leaving　エ to leave) home at seven o'clock in the morning.〔沖縄〕

(3) Ms. Brown teaches English to (ア we　イ our　ウ us　エ my).

(4) *A*：How old are you?〔北海道〕
B：(ア No, you aren't.　イ Yes, I am.　ウ I'm thirteen.　エ You are young.)

(5) *A*：How did you come to school today?
B：(ア Yes, I did.　イ I walked here.　ウ I'm fine.　エ No, I didn't.)〔沖縄〕

(6) *A*：Where were you last night?
B：I (ア were　イ am　ウ did　エ was) at a hospital.

2 **[並べかえ]** 日本語の意味になるように，次の語句を並べかえなさい。(5点×5)

(1) 今，何時ですか。　(is, time, what, it) now?

____ now?

(2) 彼は来月12歳になります。　(be，next，he，twelve，will) month.

____ month.

(3) 私はそれをテーブルの上で見ました。　(it，the table，I，on，saw).

____ .

(4) 私は今，1本も鉛筆を持っていません。　(have，do，any，not，I，pencils) now.

____ now.

(5) あなたはそのとき何をしていましたか。　(you，doing，what，were) then?

____ then?

よく出る　記述式

3 **[条件英作文]** 次のようなとき，あなたならどのように言いますか。英語で書きなさい。(8点×2)

(1) 自分が昨日，図書館に行ったことを述べるとき。

____

(2)「彼はどこに住んでいますか」とたずねるとき。〔秋田〕

____

4 ［長文読解］次の英文はタロウが行ったスピーチです。これを読んで，あとの問いに答えなさい。

"(A)Clean your room." "OK." "Let's go to the park." "OK."

People often use this word, "OK," in America and Japan. But where did the word come from? Do you know that? Last week I read three interesting stories on the Internet about it.

A long time ago, a president in America (B)(have) some assistants. The assistants came to the president's room and showed many ideas to him. The president looked at those ideas every day. He liked some of the ideas and he wrote "All Correct" on the paper. But he sometimes (C)(make) spelling mistakes. He didn't write "All Correct" but wrote [(D)]. Then [(D)] became "OK." A newspaper used this new word, "OK." Then, people liked the word. They used (E)it, too. "OK" became very popular among people in America.

This is interesting. I like this story very much. In another story, "OK" came from the name of a town near New York City. And in another story, it came from a foreign language.

Are these stories true? Where did "OK" come from? I still don't know the fact. But these stories are interesting. Do you think so, too?

（注） president 大統領　assistant 部下　All Correct すべて認めます　spelling mistake つづりのまちがい
among ～の間で　another ほかの　true 真実の　fact 事実

記述式 (1) 下線部(A)の英文を日本語にしなさい。(5点)

［　　　　　　　　　　　　　　　　］

(2) (B)，(C)の(　)内の語句を正しい形にしなさい。(3点×2)

(B)［　　　　　］ (C)［　　　　　］

(3) (D)の[　　]内に共通して入る適切な語を下から選んで，記号を○で囲みなさい。(6点)

ア "All Correct"　イ "All Korrect"　ウ "Oll Correct"　エ "Oll Korrect"

記述式 (4) 下線部(E)がさす内容を日本語で書きなさい。(6点)［　　　　　　　　］

(5) 次の文が本文の内容と合っていれば○を，ちがっていれば×を［ ］に書きなさい。

(6点×3)

① タロウは「OK」という言葉の由来を，インターネットで読む前から知っていた。

［　　］

② タロウは「OK」という言葉の由来についての話をおもしろいと思っている。［　　］

③ 人々が「OK」という言葉を使いはじめ，やがて新聞でも使われるようになった。

［　　］

いって簡単にあきらめたりはしない。自分のものの見方・感じ方と他人のそれとの間に大きな溝があるということは、いろいろなかかわりの中で、十分に体験済みである。そこで、相手になかなか通じないときには、何とかわかってもらおうと語り直すことになる。相手のものの見方・感じ方の見当をつけ、相手の視点に立って受け入れやすい論理や筋立てを考え直しつつ、語っていく。

そうしたやりとりを繰《く》り返すうちに、相手の視点が知らず知らずのうちに自分の中に取り入れられていく。相手にわかってもらえるように自己の体験を語り直すということは、相手の視点に立って自己の体験を見つめ直すこと、つまりこれまでとは違った視点で自己の体験を見直し、語り直すことを意味する。そこに自己についてのアラたな発見があるのだ。

（榎本博明《えのもとひろあき》「〈ほんとうの自分〉のつくり方」）

(1)【漢字の読み書き】――線a～fの漢字はひらがなに、カタカナは漢字に直して書きなさい。（5点×6）

a〔　　〕 b〔　　〕 c〔　　〕

d〔　　〕 e〔　　〕 f〔　　〕たな

よく出る
(2)【接続語補充】□に入る言葉として最も適切なものを次から選び、記号で答えなさい。（5点）〔　　〕

ア だから　イ だが　ウ なお　エ しかも

(3)【内容理解】――線①とあるが、これを具体的に言い換えている部分を、文中から二十二字で抜《ぬ》き出して書きなさい。（15点）

(4)【語意】――線②とあるが、この言葉は文中ではどのような意味で使われているか、書きなさい。（15点）

〔　　〕

(5)【内容理解】この文章で述べられている内容として最も適切なものを次から選び、記号で答えなさい。（15点）〔　　〕

ア 他者と向き合うということは、自分を抑えることである。

イ 相手との溝は、自分の考え方をぶつけることで解消する。

ウ 親密な間柄では、相手のもつ文脈とのズレが鮮明化する。

エ 心理的距離が縮まると、相手の視点がわかるようになる。

よく出る
(6)【理由説明】＝線とあるが、「そうしたズレを実感すること」が「自己への気づきを得ること」になるのはなぜか。その理由を説明した次の文の□に入る言葉を、文中から抜き出して書きなさい。（10点×2）

親密な間柄になると、相手との X のズレを実感するようになる。その場合、相手にわかってもらえるように語り直すことになり、そのことは、以前とは違った視点に立って、自己の体験を Y ことになるから。

X〔　　〕 Y〔　　〕

第10日

仕上げテスト

時間 30分

合格点 70点

得点　　点

月　日

解答→別冊30ページ

1 次の文章を読んで、あとの問いに答えなさい。〔大阪―改〕

他者と向き合うというのは、心を開き合うこと、単なる世間話をするようなかかわりではなく、自己をさらけ出してつきあうことをさす。そこでは、自分の考えていること、感じていることが素直《すなお》に語られ、お互《たが》いの思いが共有される。しかし、人と人はあくまでも他人どうしだ。ものの見方が違《ちが》うし、感受性が違う。同じ出来事に対しても、それぞれの受け止め方に多少なりともズレがあるのがふつうだ。自己への気づきを得るためには、そうしたズレを実感することが必要なのだ。

それには、お互いの生きている文脈のズレがクローズアップされるような深いかかわりをもつことが前提となる。つきあい始めの頃《ころ》は、お互いに遠慮《えんりょ》がちなところがある。相手の様子をうかがいつつ、できるかぎり相手のものの見方・考え方を尊重しようとする。自分を抑《おさ》えて、相手に合わせようとする。自分の文脈、つまり自分のものの見方・考え方を相手に強引《ごういん》にぶつけることがないため、相手のものの見方・考え方と真っ向から衝突《しょうとつ》するようなことはない。

□、つきあいが進んで親密なa間柄になると、お互いに自分の文脈を相手に遠慮なくぶつけるようになるため、相手の思いがけない反応に呆《あき》れたり腹を立てたり、ちょっとしたことで口論になるなど、相手のもつ文脈との間のズレが鮮明化《せんめいか》してくる。

心理的距離《きょり》が縮まると、ちょっとしたズレも気になってくる。心理的距離が遠かった頃にはまったく気にならなかったズレがクローズアップされ、なんとかその溝《みぞ》を埋《う》めようという試みが始まる。そうしたことのb背後には、わかりあいたいという強いcヨッキュウが働いているのだ。

こうして、親しい間柄では、なぜそんな考え方をするのだろう、どうしてわかってくれないんだろう、との思いが強く働き、①わかりあいに向けての交渉《こうしょう》が行われる。最初の頃はおおらかにかまえていてくれたのに、親しくなるにしたがって口うるさくなったとか、議論を仕掛《しか》けてくるようになったとか②こぼす人がいるが、深くかかわるとどうしてもそういった感じになりがちである。

それぞれのdカチカンや感受性がぶつかり合うような深いかかわりの中では、自分の思いを相手にわかってもらえるように語るということがしつこく行われる。相手が「何を言っているのかわからない」「どうもe納得がいかない」などと言いたげな反応を示したら、言葉を換《か》え、また論理や筋立てを変えて語り直すことになる。

人との語り合いの場で、僕《ぼく》たちは相手にすぐに通じないからと

2 次の文章を読んで、あとの問いに答えなさい。〔沖縄―改〕

梁《りょう》の恵王《けいおう》が嘆《なげ》いて孟子《もうし》に尋《たず》ねたことがあった。「わたしは国を治めるのに精いっぱい心を尽《つ》くしている。隣国《りんこく》はそんなに努力をしていないのに、国民が減ることはなく、かと言って、我《わ》が国が増えることはない。なぜだろうか。」と。

孟子①対《こた》へて曰《い》はく、

孟子が答えて言うには、

「②王戦ひを好む。請《こ》ふ戦ひを以《もっ》て喩《たと》へん。

「王様は戦いが好きだ。（だから）戦争のことでもってたとえさせてもらいたい。

塡然《てんぜん》として之《これ》を鼓《こ》し、兵刃《へいじん》既《すで》に接す。

太鼓《たいこ》をドンドンと打ち鳴らし、両軍が互いにきりあいになった。

甲《こう》を棄《す》て兵を曳《ひ》きて走《に》ぐ。

その時よろいを投げ捨て、武器をひきずって逃《に》げるものがいた。

或《ある》いは百歩にして後止まり、

ある人は百歩逃げて止まり、

或いは五十歩にして後止まる。

ある人は五十歩逃げてから止まった。

五十歩を以て百歩を笑はば、即《すなは》ち何如《いかん》。」と。

（その時、一方の人が）五十歩しか逃げなかったという理由で百歩逃げた人を笑ったならば、どうでしょうか。」

（恵王）曰はく、

「不可なり、③直《た》だ百歩ならざるのみ。是《こ》れも亦《また》走《に》ぐるなり。」と。

（「孟子」）

よく出る

(1) 【現代かなづかい】――線①を現代かなづかいに直し、すべてひらがなで書きなさい。（10点）

〔　　　　〕

よく出る

(2) 【熟語の構成】――線②を熟語にすると「好戦」になる。これと同じ成り立ちの熟語として最も適切なものを次から選び、記号で答えなさい。（10点）

ア 左右　イ 洗顔　ウ 老人　エ 転々

〔　　　　〕

(3) 【現代語訳】――線③の現代語訳として最も適切なものを次から選び、記号で答えなさい。（10点）

ア ただ逃げたのが百歩でないだけだ。
イ ただ百歩逃げてはいけないだけだ。
ウ ただ百歩逃げると助かるだけだ。
エ ただ逃げたのが百歩あれば良いだけだ。

〔　　　　〕

(4) 【故事成語】この文章の話から生まれた故事成語を、漢字で書きなさい。（15点）

〔　　　　〕

第9日

古典②（漢文）

時間 30分

合格点 70点

得点

点

これだけ確認！

- □ 漢文特有の言い回しに注意し、形式を理解する。
- □ 漢文の意味を考え、内容の展開や、あらすじを読み取る。
- □ 多くの故事成語を学び、日常生活でも使えるようにする。

月　日

解答→別冊29ページ

1 次の文章を読んで、あとの問いに答えなさい。〔石川―改〕

楚人《そひと》（楚の国の人）に盾《たて》と矛《ほこ》とをひさぐ（売る）者あり。①これを褒《ほ》めていはく（自慢《じまん》して言うには）、「我が盾の堅《かた》きこと（堅いこと）、よく陥《とほ》す（突《つ》き通す）ものなきなり。」と。また、その矛を褒めていはく、「我が矛の利なること（鋭《するど》いこと）、物において②陥さざることなきなり。」と。ある人いはく、「子《し》の矛をもつて、子の盾を陥さば③何如《いかん》。」と。④その人応《こた》ふることあたはざる（できなかった）なり。それ（そもそも）、陥すべからざる（突き通すことができない）の盾と、陥さざるなきの矛とは、世を同じくして（同時に）、立つべからず（存在することはできない）。

（「韓非子《かんびし》」）

よく出る

(1) 【指示語】――線①は、何を指しているか。最も適切なものを次から選び、記号で答えなさい。(10点)〔　　〕

ア 楚　イ 人　ウ 盾　エ 矛

(2) 【現代語訳】――線②の現代語訳として最も適切なものを次から選び、記号で答えなさい。(10点)〔　　〕

ア 突き通すことができるものはない

イ 突き通さないものはない

ウ 突き通すとはかぎらない

エ 突き通すことができるかどうか分からない

(3) 【内容理解】――線③の意味として最も適切なものを次から選び、記号で答えなさい。(10点)〔　　〕

ア おもしろいだろう　イ いけない

ウ どうしようもない　エ どうなるか

(4) 【漢文の訓読】――線④を訓読文で示すと、「其《そ》ノ人《ひと》弗《ざ》ルレ能《あた》ハレ応《こた》フルコトなり也」となるが、このときに用いる「レ」という返り点のことを何と言うか、答えなさい。(10点)〔　　〕

よく出る

(5) 【故事成語】この故事からできた「矛盾《むじゅん》」という言葉の意味として最も適切なものを次から選び、記号で答えなさい。(15点)〔　　〕

ア 人生の幸・不幸は予測しがたい。

イ 周囲がすべて敵である。

ウ 前後のつじつまが合わない。

エ 必死の覚悟《かくご》で事にあたる。

をめぐれば、世の中になき花の木ども立てり。金《こがね》・銀《しろかね》・瑠璃《るり》色の水、山より流れいでたり。それには、色々の玉の橋渡せり。その辺りに、照り輝《かがや》く木ども立てり。その中に、この取りてまうで来たりしは、いとわろかりしかども、のたまひしに違《たが》はましかばと、この花を折りてまうで来たるなり。

（「竹取物語」）

【現代語訳】

その山は、見ると、（険しくて）全く登りようがありません。その山の崖《がけ》のすそを回ってみると、この世で見られないような花の木々が立っています。金・銀・瑠璃色の水[A]、山から流れ出ています。その流れには、色とりどりの玉でできた橋[B]架《か》かっています。その付近に、光り輝く木々が立っています。その中で、ここに取ってまいりましたのは、とても見劣《みおと》りするものでしたが、（姫が）おっしゃったものと違《ちが》っていてはいけないだろうと思い、この花の枝を折ってまいったのです。

よく出る

(1)【助詞の省略】現代語訳の[A]・[B]に共通して入る言葉として最も適切なものを次から選び、記号で答えなさい。

［　　］

ア が　イ に　ウ を　エ と

(2)【言葉の省略】――線のあとには、どのような言葉が続くか。現代語訳中から抜き出して書きなさい。

［　　］

3 次の文章を読んで、あとの問いに答えなさい。

かかる程に、宵《よひ》うち過ぎて、子《ね》の時ばかりに、家のあたり昼の明《あか》さにも過ぎて光りわたり、①望月《もちづき》の明さを十あはせたるばかりにて、②ある人の毛の穴さへ見ゆるほどなり。大空より、人雲に乗りて下り来て、土より五尺ばかり上がりたる程に立ち列《つら》ねたり。これを見て、内外《うちと》なる人の心ども、物におそはるるやうにて、あひ戦はむ心もなかりけり。

（「竹取物語」）

【現代語訳】

こうしているうちに、宵も過ぎて、夜中の十二時ごろになると、家の周辺が昼の明るさ以上に一面に光り輝き、［　　］の明るさを十倍にしたくらいで、そこにいる人々の毛穴までもが見えるほどです。

大空から、人が雲に乗って下りてきて、地上から五尺（約一・五メートル）ぐらい上のあたりに、立ち並びました。これを見て、家の内や外にいる人たちの心は、何かに襲《おそ》われたようになって、対戦しようという気持ちも起こりませんでした。

(1)【現代語訳】――線①の現代語訳として［　　］に入る言葉として最も適切なものを次から選び、記号で答えなさい。（8点）

［　　］

ア 新月　イ 三日月　ウ 夕月　エ 満月

(2)【表現理解】――線②という表現から、どのようなことがわかるか、簡単に書きなさい。（10点）

［　　］

第**8**日

古典①（古文）

時間 30分

合格点 70点

得点　　点

これだけ確認！
- □ 歴史的かなづかいを、現代かなづかいに直せるようにする。
- □ 主語や助詞など、省略されている言葉に注意する。
- □ 古語の意味を覚え、あらすじや主題を読み取る。

月　　日

解答→別冊29ページ

1 次の文章を読んで、あとの問いに答えなさい。

今は昔、①竹取の翁《おきな》aといふものありけり。野山にまじりて竹を取りつつ、bよろづのことに使ひけり。名をば、さぬきのみやつことなむいひける。

その竹の中に、もと光る竹なむ一筋ありける。cあやしがりて、寄りて見るに、筒《つつ》の中光りたり。②それを見れば、三寸ばかりなる人、dいとうつくしうてeゐたり。

（「竹取物語」）

【現代語訳】

今ではもう昔のことだが、竹取の翁という人がいた。野や山に分け入って竹を取っては、いろいろな物を作るのに使っていた。名前を、さぬきのみやつことといった。

（ある日、）その竹林の中に、根元の光る竹が一本あった。不思議に思って、近寄って見ると、筒の中が光っている。それを見ると、（背丈《せたけ》）三寸ほどの人が、とてもかわいらしい様子で座《すわ》っていた。

よく出る

(1)【現代かなづかい】――線a・eを現代かなづかいに直し、すべてひらがなで書きなさい。（5点×2）

a〔　　〕　e〔　　〕

(2)【現代語訳】――線b〜dの意味を、現代語訳中からそれぞれ抜《ぬ》き出して書きなさい。（8点×3）

b〔　　〕　c〔　　〕

d〔　　〕

(3)【人物理解】――線①は、別の言葉で何と表されているか。古文中から八字で抜き出して書きなさい。（8点）

よく出る

(4)【動作主】――線②とあるが、筒の中を見たのはだれか。文中から四字で抜き出して書きなさい。（10点）

(5)【内容理解】この文章について説明した次の文の□に入る言葉を、古文中から八字で抜き出して書きなさい。（10点）

この文章は、ある日、竹取の翁が竹の中に□が座っているのを見つけた場面である。

2 次の文章は、くらもちの皇子《みこ》が、かぐや姫《ひめ》に話しかけている場面である。これを読んで、あとの問いに答えなさい。（10点×2）

その山、見るに、さらに登るべきやうなし。その山のそばひら

下の方で　しずかに
かっこうがないている。
風に吹《ふ》かれて高いところにたつと
だれでもしぜんに世界のひろさをかんがえる。
ぼくは手を口にあてて
なにか下の方に向かって叫《さけ》びたくなる。
五月の山は
ぎらぎらと明るくまぶしい。
きみは山頂よりも上に
青い大きな弧《こ》をえがく
水平線を見たことがあるか。

(1) 【詩の形式】この詩の形式の説明として最も適切なものを次から選び、記号で答えなさい。〔　　〕

ア 口語で表現され、音数・句数、およびその配列の順序が一定である詩。
イ 口語で表現され、伝統的な形式や約束にしばられず、自由に表現している詩。
ウ 文語で表現され、音数・句数、およびその配列の順序が一定である詩。
エ 文語で表現され、伝統的な形式や約束にしばられず、自由に表現している詩。

よく出る
(2) 【表現理解】次の文章は、この詩を読んだ三人の感想である。□に入る表現を、詩の中から十字以内で抜き出して書きなさい。

Aさん　わたしは、「海は天まであがってくる」というところで、山頂から見える遠くの海の様子がよく表現されていると思いました。わたしも以前に、山の頂上から遠くの海を見たときに、海が目の高さにあるように見えた経験があるからです。
Bさん　わたしもAさんと同じく、以前に、山の頂上から見た遠くの海を思い出しました。また、わたしは、山頂から見渡《みわた》した山々の斜面《しゃめん》の急な様子を「□」という表現で効果的に表していると思いました。
Cさん　わたしは「ぎらぎらと」という表現は、若葉が照り返す日光の様子や、詩人の心の高ぶりを表しているのではないかと思いました。

(3) 【詩の鑑賞】この詩の説明として最も適切なものを次から選び、記号で答えなさい。〔　　〕

ア 山頂から見た雄大《ゆうだい》な景観をとおして感じた、自然の偉大《いだい》さと脅威《きょうい》を表現している。
イ 山頂までの登山道から見た豊かな自然の中に感じた、季節の変化を表現している。
ウ 山頂から見た広大な自然から感じた、無限に広がる世界への感動を表現している。

第7日 詩

時間 30分

合格点 70点

得点　　点

これだけ確認！

- □ 用語・形式・内容から詩の種類を理解する。
- □ 情景をとらえ、筆者が何を伝えたいのか考える。
- □ 独特の表現やリズムを感じながら、詩を味わう。

月　　日

1 次の詩と鑑賞文《かんしょうぶん》を読んで、あとの問いに答えなさい。〔兵庫―改〕

小さな靴《くつ》

高田敏子《たかだとしこ》

小さな靴が玄関《げんかん》においてある
満二歳《さい》になる英子の靴だ
忘れて行ったまま二ヵ月ほどが過ぎていて
英子の足にはもう合わない
子供はそうして次々に
新しい靴にはきかえてゆく

おとなの　疲《つか》れた靴ばかりのならぶ玄関に
小さな靴は　おいてある
花を飾《かざ》るより　ずっと明るい

【鑑賞文】

英子は作者の孫であろうか。たまたま忘れていった「小さな靴」について、繰《く》り返し用いられている「［A］」というさりげない表現から、作者のこの靴へのまなざしや愛着が感じられる。おとなの世界を連想させる「［B］」と対比することで、作者は「小さな靴」から感じられる［C］を強調し、その存在感を鮮《あざ》やかに描《えが》きだしている。

解答→別冊28ページ

(1) 【心情理解】――線から読み取れる作者の心情として最も適切なものを次から選び、記号で答えなさい。(10点)　〔　　〕

ア 煩《わずら》わしい　**イ** いとおしい
ウ 悲しい　**エ** おもしろい

(2) 【詩の鑑賞】［A］～［C］に入る言葉を書きなさい。ただし、［A］・［B］は詩の中から五字以内で抜《ぬ》き出した言葉を書き、［C］は最も適切なものを次から選び、記号で答えなさい。(15点×3)

ア あでやかな花のような美しさ
イ 新しいものの清潔さ
ウ 役目を終えたものの落ち着き
エ 未来へ伸《の》びゆく生命力

A［　　　　　］

B［　　　　　］

C〔　　〕

2 次の詩を読んで、あとの問いに答えなさい。(15点×3)〔岩手〕

山頂から

小野十三郎《おのとうざぶろう》

山にのぼると
海は天まであがってくる。
なだれおちるような若葉みどりのなか。

記述式

2 【資料の読み取り】次の資料は、高校生とその保護者とを対象として「高校生にとって本を読むことの効果について、どのような認識《にんしき》を持っているか」について質問した結果をグラフに表したものである。この資料に関連して、あとの《条件》に従って、あなたの考えを書きなさい。（50点）〔千葉〕

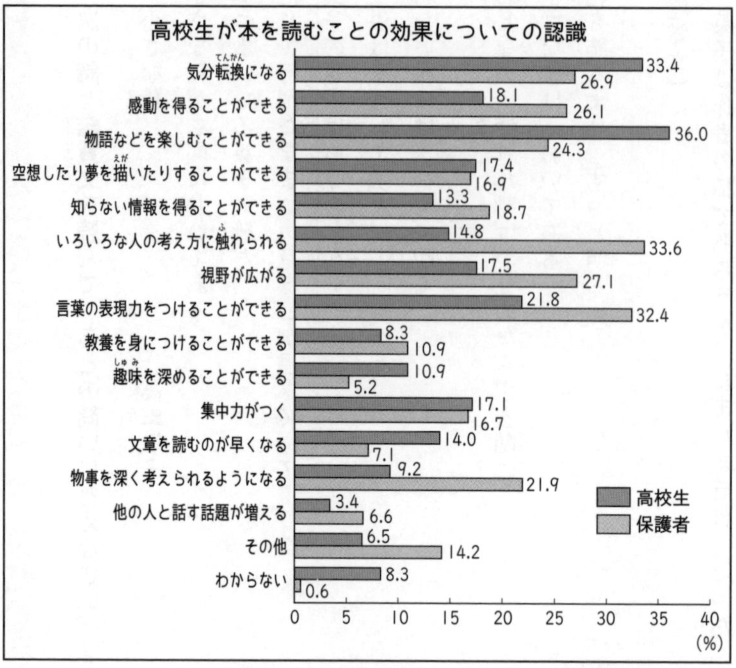

平成26年度文部科学省「高校生の読書に関する意識等調査」により作成

《条件》
① 二段落構成とし、二百字以内で書くこと。
② 前段では、資料から読み取れる高校生と保護者との認識の違《ちが》いについて書くこと。
③ 後段では、前段の内容をふまえて、認識の違いの理由について、あなたの考えを書くこと。

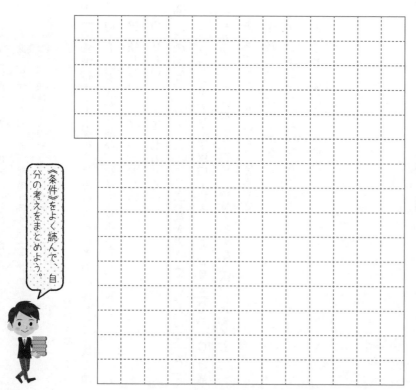

図表・資料などの読み取り

時間 30分
合格点 70点
得点　　点

これだけ確認!
- □ グラフや表などの資料を設問にあわせて読み取る。
- □ 資料の特に目立つ点に注目して、具体的な数値を示す。
- □ 資料からわかることや、自分の意見をまとめて書く。

月　日

記述式

1 【資料の読み取り】 次は、ある中学生が「世の中のできごとや動きに関する情報を得るために最も利用するメディア」について発表した資料の一部である。国語の授業で、この資料から読み取ったことをもとに「メディアの利用」について、一人一人が自分の考えを文章にまとめることにした。あとの《注意》に従って、あなたの考えを書きなさい。(50点)〔埼玉〕

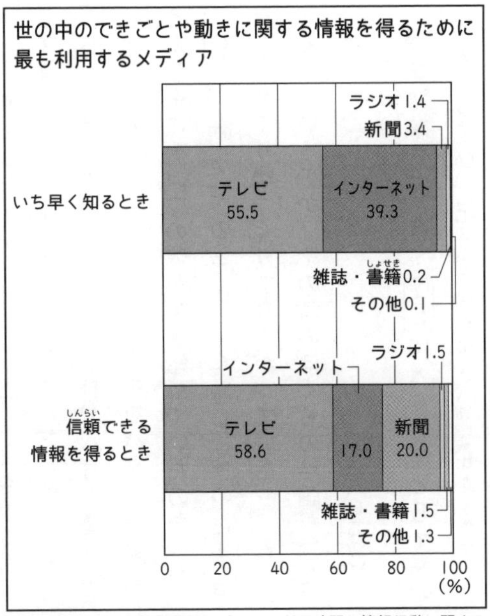

総務省「平成27年情報通信メディアの利用時間と情報行動に関する調査 報告書」により作成　(平成27年調査)

《注意》
① 段落や構成に注意して、自分の体験(見たことや聞いたことなども含《ふく》む)をふまえて書くこと。
② 文章は、十三行以上、十五行以内で書くこと。
③ 原稿《げんこう》用紙の正しい使い方に従って、文字、かなづかいも正確に書くこと。
④ 題名・氏名は書かないで、一行目から本文を書くこと。

解答→別冊28ページ

て、秋、涼《すず》しくなったらチョウの形ができ始めるのではないか？　それを試《ため》してみるのは大変だった。冷蔵庫なら大学にもある。でも冷蔵庫では冷えすぎだ。クーラーなんかない時代に、真夏を涼しくするために、一日じゅう水を流しておく装置を作った。装置が故障して建物じゅうが水浸《みずびた》しになり、さんざん叱《しか》られたこともあった。

B 結果は大成功だった。七月、八月を暑さにあてず、涼しくしておいたギフチョウのサナギを八月末に解剖《かいぼう》してみたら、ちゃんと中にチョウの体ができ始めていたのだった。

C 、サナギの中につくられ始めたチョウの体が、D ゆっくりゆっくりでき上がっていき、E 一気にチョウになる、というのが、その時のぼくらの結論だった。

（日高敏隆《ひだかとしたか》「春の数えかた」）

よく出る

(1) [接続語補充《ほじゅう》] A・B に入る言葉として最も適切なものを次から選び、記号で答えなさい。（8点×2）

ア でも　イ そのうえ　ウ さて
エ そこで　オ それとも

A〔　　〕　B〔　　〕

(2) [内容説明] ――線aとはどういうことか。具体的に説明した次の X・Y に入る言葉を、文中からそれぞれ五字以内で抜《ぬ》き出して書きなさい。（15点×2）

その土地、土地で一年に一回、X が姿をあらわすのと Y が花を咲かすのを同時期に見ることができるということ。

X
Y

よく出る

(3) ――線bとあるが、この疑問に対して筆者はどういう仮説を立てて実験を進めたか。これについて、次の問いに答えなさい。（15点×2）

① [内容理解] 仮説の部分を、文中から四十六字で抜き出して書きなさい。

② [内容説明] 仮説を検証するために、どんな実験をしたかを、文中から四十一字で抜き出して書きなさい。

(4) [適語補充] C～E に入る言葉として最も適切なものを次から選び、記号で答えなさい。（8点×3）

C〔　　〕　D〔　　〕　E〔　　〕

ア 三月末の暖かさで　イ 真夏の暑さによって
ウ 秋、十月の半ばも過ぎたころ　エ 寒い冬の間に

第5日 説明文・論説文

時間 30分
合格点 70点
得点　　点

これだけ確認！

- □ 指示語が指す内容を理解し、文脈を正しくとらえる。
- □ 段落初めの接続語に注目し、前後の段落関係を理解する。
- □ 繰《く》り返し出てくる言葉や段落の中心となる文に注意する。

解答→別冊27ページ

月　　日

1 次の文章を読んで、あとの問いに答えなさい。〔青森—改〕

植物はちゃんと季節を知っている。そして、一年のきまった時期に花を咲《さ》かすよう、厳密なタイム・スケジュールが組まれている。昆虫《こんちゅう》にしても同じである。サクラはいわゆる狂《くる》い咲きをべつにすれば、一年に一回しか花を開かない。同じように、一年に一回しかあらわれないチョウもいる。

新聞などで「春の女神《めがみ》」と讃《たた》えられるギフチョウもその一つである。学術的には名《な》和《わ》靖《やすし》氏によって初めて採集された岐阜県に因《ちな》んで、ギフチョウと呼ばれてきたこのチョウは、日本のあちこちの山麓《さんろく》地帯に棲《す》んでいる。土地によって異なるが、その土地の春、四月から五月にかけて、その美しい姿を見せる。それはちょうど、カタクリという草が可憐《かれん》な花を咲かせる季節であり、カタクリの花の蜜《みつ》を吸うギフチョウの姿は、春の美しい象徴《しょうちょう》として、しばしば写真に登場する。ギフチョウが姿をあらわすのも一年に一回、カタクリが花を咲かすのも一年に一回。しかもその土地、a土地でこの二つはぴったり合っている。

ぼくは昔、ギフチョウがなぜこの時期にチョウになるのか調べてみたことがあった。もう三〇年ほど前、農工大の助教授時代のことである。

東京近郊《きんこう》では、ギフチョウは四月の末には、雑木林の林床《りんしょう》に生えるカンアオイという草の葉裏に卵を産む。一〇日もすると、卵から幼虫が孵《かえ》る。

幼虫はカンアオイの葉を食べて育ち、六月の終わりにはサナギになる。このサナギは七月、八月、九月、十月、十一月、十二月、一月、二月、三月と九か月かけて、翌年の四月にチョウになるのである。

bこの九か月という長い間、サナギはいったいなにをしているのか？　ぼくらはそれをどうしても知りたかった。「ぼくら」というのは、当時農工大の四年生だった石塚《いしづか》君と坂神《さかがみ》君、それにぼくの三人だった。

美しいギフチョウの標本が欲しいので、ギフチョウの幼虫を飼育する人はたくさんいる。そういう人々の中には、十二月ごろサナギを割ってみると、サナギの中にもうちゃんとチョウの形ができていることを知っていた人もいた。

これは、同じようにサナギで冬を越《こ》して、春、チョウになるアゲハチョウとは決定的にちがう。アゲハチョウのサナギの中にチョウの形ができてくるのは、四月、冬の寒さが終わって暖かくなってからなのだ。

[A] ぼくらは考えた。ギフチョウのサナギは暑いと眠《ねむ》ってい

に希望をもちます。

たとえば個人主義は、他者の存在を認めることが前提なのに、他者との関係を無視するのが個人主義だという錯覚《さっかく》は、うぬぼれないでものの本を読んでいくうちには自然にただされることの一つでしょう。

世の中には、自分とは異なるさまざまの考え方、感じ方がある。つまりさまざまの言葉遣《ことばづか》いがある。本を読んでそれを知ろうとしないのはどんなに心寒いことか、それさえ知らないことへの恐《おそ》れを、さきの中学生の文章は喚起《かんき》します。終生の学びを、と促《うなが》されたような朝でした。（竹西寛子《たけにしひろこ》「国語の時間」一部改めたところがある。）

＊穿った＝微妙《びみょう》な点を言い表した。

(1) 【理由説明】次の文章は、――線①について、筆者が、「ほっとするような文章」だと感じた理由を、まとめたものである。a～cに入る言葉を、aは四字、bは六字、cは二字で文中からそれぞれ抜《ぬ》き出して書きなさい。(15点×3)

筆者は、自分のaを怠けて本を読もうとしなければ、世の中にはさまざまな言葉遣いがあると知ることができず、言葉がbになりがちで、その先には「闇がひろがる」と考えている。こう考える筆者は、自分と同じような考えが読みとれる中学生の指摘に、力強さを感じるとともに、それからうかがわれる彼女《かのじょ》のcに、希望をもったから。

a
b
c

(2) 【適語補充《ほじゅう》】□には同じ言葉が入る。最も適切なものを次から選び、記号で答えなさい。(10点)

ア 読者　イ 子供　ウ 老齢者　エ 年少者　〔　　〕

答えをあてはめて、文のつながりがおかしくないか確かめよう。

(3) よく出る 【内容理解】――線②とは、どんなことだと考えられるか。最も適切なものを次から選び、記号で答えなさい。(15点)〔　　〕

ア 漢語や外来語ばかりが使われるようになり、和語による日本独特の表現はできなくなること。

イ 語彙《ごい》が少なくなり、自分の言葉で表現したり相手の真意を理解したりできなくなること。

ウ 流行語の広がりが妨《さまた》げられ、自由にコミュニケーションができなくなること。

エ 共通語だけが使われるようになり、方言による言葉のやりとりはできなくなること。

(4) 記述式 【要旨】――線③をただすためには、どうしなければならないと筆者は述べているか。文中の言葉を使って、五十五字以内で書きなさい。(30点)

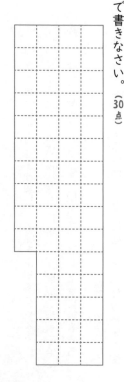

随筆

時間 30分

合格点 70点

得点 　点

これだけ確認！

- □ 何について述べられた文章か考える。
- □ どんな体験をし、どんな感情を抱《いだ》いたかとらえる。
- □ 筆者の考え方を理解し、主題や要旨《ようし》をとらえる。

月　日

1 次の文章を読んで、あとの問いに答えなさい。〔徳島―改〕

①ほっとするような文章を読みました。

十一月二日付の某紙《ぼうし》紙面に掲載《けいさい》された、十二歳《さい》の女子中学生の文章です。

こういう主旨のところがありました――友だちどうしの話を聞いていると、言葉がどうも「ワンパターン」である。原因は、本を読まなくなったせいではないか。自分は図書委員をしているが、図書室には本当に一人も来ない。

右の女子中学生が指している「ワンパターン」というのは、私なども電車や地下鉄の中でよく聞く「えーホント」とか「ウッソー」のような、具体的な言葉を例にあげての指摘《してき》です。日常、その時その場の自分に即《そく》した言葉を探して使うことは、いったん意識し始めると決して容易ではありませんが、人間、四六時中緊張《きんちょう》している生きものではないので、点線のように意識的な時間をもつことでかえって救われている面もあるかという気はするのです。

けれども、結果は別として、その時その場の自分にふさわしい言葉探しを怠《なま》けて、身近なもので辻褄《つじつま》を合わせてしまう習慣が身につくと、とかく「ワンパターン」になりがちです。□だけを非難することはできません。

中学生の文章が掲載されていた紙面は、「日本語の乱れ」というテーマの討論の場で、他にも違《ちが》う年代の、いろいろな職業の人の文章も載《の》っていました。

確かに流行語を使うたのしみはあります。うまく使って、息苦しい雰囲気《ふんいき》を和《やわ》らげる場合もありますし、共感の確かめ合いということもありましょう。固定されようのない社会の反映でもある流行語の発生を防ぐのはほとんど不可能ですし、又《また》、防ぐ必要もないと思います。

ただ、一口に流行語といっても、世相の本質をよくついている、まことに*穿《うが》った流行語もあれば、事の表面だけをすくった安易なものもあります。

いつぞやも申しましたが、流行語を流行語と意識して使っているうちはまだいいとして、自分の言葉探しの辛《つら》さから逃《のが》れて、楽にものを言っていると②流行語を取り入れる大本《おおもと》の言語生活が正体を失うようなことにもなりかねません。

それにしても、冒頭《ぼうとう》に紹介《しょうかい》しました、「ワンパターン」は本を読まなくなったせいではないかという一中学生の指摘は、高齢者《こうれいしゃ》ならぬ□の指摘として私には大そう力強く感じられました。

言葉を知らない、③自分の言葉を探そうとしない怠け心と思い上がりの行く手にひろがる闇《やみ》を、はっきり予感しているような知性

解答→別冊27ページ

の人間がからまりあって初めて野球になるという認識《にんしき》だ。それを知らないままでいることは、いずれプレイヤーとしての致命的《ちめいてき》な傷となる。だから伝えたかったのだ。しかし、青波は、取り越し苦労だと言いきった。青波のとらえた巧と自分のとらえた巧とには開きがある。どちらが正しく確かなのか、答えられない。

「今日な、マサくんらがな、学校の帰りに寄ってくれるんじゃて。プリントとかお知らせとか持ってきてくれるって。ぼく、それまでちゃんと寝《ね》とるけん、マサくんたちが来たら、ゲームで少し遊んでええ?」

「無理せんかったら、ええぞ。」

なにげない会話をかわしながら、洋三は目を細めた。④青波がさっきみせた無邪気《むじゃき》で強固な誇《ほこ》りがまぶしかった。こんなふうに、自分を尊び信じたいと望んだ時期があった。そういう時期の子どもたちと、ボール一つを投げ、打ち、共にすごした時間があった。⑤「いつのまにか、忘れとったな。」つぶやいてみる。青波が、なに?と問うようにまばたきをした。

（あさのあつこ「バッテリーV」一部省略がある。）

(1) 【内容理解】――線①とほぼ同じ内容を表している部分を、文中から十五字以内で抜《ぬ》き出しなさい。(15点)

(2) 【語意】――線②の意味として最も適切なものを次から選び、記号で答えなさい。(15点) [　　]

ア もとの状態にもどらないこと。
イ すべてに責任をもって処理すること。
ウ しなくてもよい心配をすること。
エ その場をうまくとりはからうこと。

(3) 【理由説明】――線③とあるが、洋三が混乱していたのはなぜか。次の文の a ～ c に入る言葉を、a と b は二字で、c は八字で、文中から抜き出しなさい。(14点×3)

a がとらえた巧と b がとらえた巧とに開きがあり、どちらが c 答えられないから。

a
b
c

(4) 【心情理解】――線④とあるが、それが具体的に表れている一文を文中の青波の言葉から抜き出し、初めの五字を書きなさい。(14点)

(5) よく出る 【内容理解】――線⑤で、洋三が忘れていたこととして最も適切なものを次から選び、記号で答えなさい。(14点) [　　]

ア 自分が野球部の監督をしていたころの情熱。
イ 少年たちと共にすごす時間の大切さ。
ウ 自分を尊び信じたいと望む少年のプライド。
エ 少年に正しいことを教える必要性。

小説

時間 30分

合格点 70点

得点
点

これだけ確認!
- □ 時・場所・人物・出来事をおさえ、場面を理解する。
- □ 人物の行動・様子・発言から、心情や性格をつかむ。
- □ 中心人物の心情や行動から、主題を読み取る。

月　日

1 次の文章は、元野球部監督《かんとく》の洋三《ようぞう》が、孫の巧《たくみ》・青波《せいは》とやりとりをする場面である。これを読んで、あとの問いに答えなさい。〔福井―改〕

「巧、①他人をわかりたいと思わないやつに、野球は、できんぞ。」

巧は一言も言わず居間を出ていった。青波が首をかしげる。

「おじいちゃんの言うたこと、ぼく、ようわからん。チームワークとか、そういうこと?」

「いいや、チームワークとかチームプレーとか、そんなこっちゃない。もっと……青波、野球やっとるとな、人間ておもしろいと思うんじゃ。ボールを投げるとか、打つとか、そんな技術じゃのうてな、うん……支えあうとか助けあうとか、そんなかっこいいもんでもない。人間に興味がないやつには、他人のことわかりたいとか、自分のこと伝えたいとか思わんやつに野球はできんのじゃ。どうも巧を見とるとそこらへんが気になってな。」

「気にしなくてええよ。②取り越《こ》し苦労だよ。おにいちゃん、すごくよく、わかっとるもん。ぼくのこととか豪《ごう》ちゃんのこととか……考えてるもん。話だって、ちゃんと聞いてくれるで。それって、人間に興味があるってことじゃろ? おにいちゃん、ぼくのこと、かわいそうとか言わんもん。すぐ病気になってかわいそうとか、野球の練習ができなくてかわいそうとか、言わんもん。おにいちゃんだけじゃもん、おまえはかわいそうだなって言わないの。ぼくな、身体が弱いのによくがんばってるとか言われたくないんじゃ。おにいちゃんは、そんなこと絶対言わないから、そばにおるとな、楽しい。」

兄は、ただの一度も自分のことを憐《あわ》れんだりは、しなかった。青波は、そう言っているのだ。十歳《さい》の少年は、謙虚《けんきょ》と紙一重《かみひとえ》の同情をこばむ意志を、いつのまにか心の内に育《はぐ》んでいた。それは、巧ほど激しくも生々しくもないけれど、確かな少年のプライドだった。

洋三は、ため息をついた。③少し混乱していた。巧に言ったことが間違《まちが》っていたとは思わない。人をこばんでは野球はやれないのだ。人を愛《いと》しいと知って、初めて、本当の野球ができるのだ。それは、グラウンドにうずまく仲間のかけ声や、むかってくる相手の気迫《きはく》や、怒声《どせい》や歓喜《かんき》を、生身の身体で受けとめることだった。生身の身体から出た声や感情や動きを、生身の身体で受けとめる。人を愛しいと思わなければ、できないことだ。それを巧に伝えたかった。巧の中にある力は、認める。多くの若い選手を見てきた。その誰《だれ》にもひけをとらないほどの才能がある。だから、伝えたかった。巧、人をこばむな。人を疎《うと》むなよ。ありあまる才能にも強靭《きょうじん》な精神にも肉体にも、おそらくは運にさえ恵《めぐ》まれているだろう孫に、深く欠落しているものがあるとすれば、野球は生身

解答→別冊27ページ

4 [連文節のはたらき]

次の――線の連文節のはたらきをあとから選び、記号で答えなさい。(4点×2)

(1) 学校の校舎よりも大きいよ、これから乗る船は。

(2) 叔父《おじ》さんが家に来ると、いつもインクのにおいがする。

ア 主部　イ 述部　ウ 修飾部《しゅうしょくぶ》　エ 接続部

(1)	(2)

5 [文節と文節の関係]

次の――線と═══線の文節の関係をあとから選び、記号で答えなさい。(2点×5)

(1) 勝ち残ったのは、ぼくの　班だけだ。

(2) 妹が眠《ねむ》って　しまったから帰ろう。

(3) 歩き疲《つか》れたから少し休みたい。

(4) 涼《すず》しくて　さわやかな朝だ。

(5) 列車の運転はまもなく再開されるでしょう。

ア 主語・述語の関係　イ 修飾・被《ひ》修飾の関係
ウ 補助・被補助の関係　エ 並立(対等)の関係
オ 接続の関係　カ 独立の関係

(1)	(2)	(3)	(4)	(5)

よく出る

6 [接続詞の補充《ほじゅう》]

次の文の□に入る接続詞をあとから選び、記号で答えなさい。(3点×4)

(1) 列車は運休になった。□台風が接近しているからだ。

(2) 工場が取り壊《こわ》された。□跡地《あとち》は何になるのだろう。

(3) 一日で終わらせる予定だった。□三日もかかった。

(4) 雨が降った。□球技大会は中止になった。

ア ところで　イ たとえば　ウ なぜなら
エ あるいは　オ だから　カ しかし

(1)	(2)	(3)	(4)

7 [品詞分類]

次の文はどの品詞についての説明ですか。あとから選び、記号で答えなさい。(4点×4)

(1) 活用する付属語で、いろいろな語について意味を添《そ》える。

(2) 活用しない自立語で、主語になることができる。

(3) 活用しない自立語で、主として用言を修飾する。

(4) 活用する自立語で、言い切りの形がウ段の音で終わる。

ア 名詞　イ 動詞　ウ 形容詞　エ 形容動詞
オ 副詞　カ 連体詞　キ 接続詞　ク 感動詞
ケ 助動詞　コ 助詞

(1)	(2)	(3)	(4)

第2日 文法

時間 30分
合格点 70点
得点　　点

これだけ確認！

- □ 文法を理解するために必要な基本知識を確かめる。
- □ 文節のはたらきや、文節と文節の関係を理解する。
- □ 体言と用言の違《ちが》いを理解し、品詞を分類する。

月　　日

解答→別冊27ページ

よく出る

1 次の問いに答えなさい。

(1) 【文節】次の各文の文節数を、漢数字で答えなさい。（4点×4）

① 朝から雨が降り続いている。
② 校庭に咲《さ》く白い花は何だろう。
③ あたたかいお茶でも飲もう。
④ 明日の午後に本屋へ行こう。

(2) 【単語】次の各文の単語数を、漢数字で答えなさい。（4点×5）

① 日曜日の教室はとても静かだ。
② 車が来ないうちに早く渡《わた》ろう。
③ あの青い屋根の建物は倉庫だ。
④ 彼《かれ》は明るくて親切な人だ。
⑤ 砂浜《すなはま》で美しい貝がらを拾った。

(1)				(2)				
①	②	③	④	①	②	③	④	⑤

よく出る

2 【主語・述語】次の各――線から主語と述語をそれぞれ選び、記号で答えなさい。（2点×6）

(1) ア街の イ広場は ウ多くの エ民衆で オにぎわった。
(2) ア今朝は イ踏切《ふみきり》の ウ音さえも エ心地《ここち》よく オ聞こえる。
(3) アいったい イどこから ウ来たのかな、エあの オ猫《ねこ》は。

	(1)	(2)	(3)
主語			
述語			

よく出る

3 【係り受け】次の――線の文節は、どの文節に直接係っているか、一文節で答えなさい。（2点×3）

(1) もし、チケットが二枚とれたら一緒《いっしょ》に行こうよ。
(2) 海岸に美しい松の並木が延々と続く。
(3) どの店も味にたいした違いは無かったと思う。

(1)	(2)	(3)

よく出る

4 【同音異義語・同訓異字】

次の――線のカタカナを漢字に直して書きなさい。（2点×9）

(1) ① 中学生タイショウ。
② 左右タイショウ。

(2) ① ショウジョウをもらう。
② かぜのショウジョウ。

(3) ① 兄が免許《めんきょ》をトる。
② 山で野草をトる。
③ 花の写真をトる。

(4) ① 新しい家にスむ。
② 気がスむまで泣く。

(1)		(2)		(3)			(4)	
①	②	①	②	①	②	③	①	②

よく出る

5 【ことわざ】

次の問いに答えなさい。

(1) 次のことわざの□に入る動物名として最も適切なものをあとから選び、記号で答えなさい。（3点×3）

① □百まで踊《おど》り忘れず
② □も歩けば棒にあたる
③ 木に縁《よ》りて□を求む

ア いぬ　イ すずめ　ウ うお

(2) 次のことわざの意味として最も適切なものをあとから選び、記号で答えなさい。（3点×4）

① 石の上にも三年
② 枯《か》れ木も山の賑《にぎ》わい
③ まかぬ種は生えぬ
④ 転ばぬ先の杖《つえ》

ア 失敗しないように前もって用意しておくことが大切だ。
イ ものごとは根気よく続ければきっと成功する。
ウ 何もしなければ、よい結果は得られない。
エ つまらないものでも、無いよりはあった方がましだ。

(3) 次のことわざと似た意味を表すことわざとして最も適切なものをあとから選び、記号で答えなさい。（3点×5）

① 猫《ねこ》に小判
② 蓼《たで》食う虫も好き好き
③ 寝耳《ねみみ》に水
④ 石橋をたたいて渡《わた》る
⑤ 一を聞いて十を知る

ア 十人十色
イ 目から鼻へ抜《ぬ》ける
ウ 念には念を入れよ
エ 豚《ぶた》に真珠《しんじゅ》
オ 藪《やぶ》から棒

(1)			(2)				(3)				
①	②	③	①	②	③	④	①	②	③	④	⑤

第1日 漢字・語句

時間 30分
合格点 80点
得点 　点

これだけ確認！ 確認チェック

□ 漢字の成り立ちや部首など、基本的な知識をおさえる。
□ 同音異義語・同訓異字は、漢字の持つ意味を考える。
□ ことわざや慣用句は、意味と使い方を確かめる。

月　日

解答→別冊26ページ

よく出る

1 【漢字の読み書き】

次の——線の漢字はひらがなに、カタカナは漢字に直して書きなさい。（3点×8）〔京都—改〕

(1) 古代文明の発祥の地を訪ねた。
(2) 陰暦の七月七日に行われる。
(3) 深刻な食糧難《しょくりょうなん》に陥る。
(4) 自然の姿を損なう。
(5) 当初の目標をタッセイした。
(6) センメイに記憶《きおく》する。
(7) 学力の低下がイチジルしい。
(8) 胡瓜《きゅうり》は一年中、テントウに並んでいる。

(1)	(2)	(3)
		る
(4)	**(5)**	**(6)**
なう		
(7)	**(8)**	
しい		

2 【漢字の成り立ち】

次の漢字の成り立ちの種類として最も適切なものをあとから選び、記号で答えなさい。（2点×5）

(1) 花　(2) 虫　(3) 森　(4) 鳥　(5) 天

ア 象形文字　イ 指事文字
ウ 会意文字　エ 形声文字

(1)	(2)	(3)
(4)	**(5)**	

3 【部首】

次の漢字の部首名として最も適切なものをあとから選び、記号で答えなさい。（2点×6）

(1) 進　(2) 菜　(3) 秋
(4) 間　(5) 厚　(6) 建

ア のぎへん　イ もんがまえ　ウ くさかんむり
エ まだれ　オ がんだれ　カ しんにょう
キ えんにょう

(1)	(2)	(3)
(4)	**(5)**	**(6)**

本書に関する最新情報は，当社ホームページにある本書の「サポート情報」をご覧ください。(開設していない場合もございます。)

中1　復習ワーク　5科

編著者　高校入試問題研究会
発行者　岡本泰治
印刷所　岩岡印刷

発行所　受験研究社

〒550-0013 大阪市西区新町2丁目19番15号
注文・不良品などについて：(06)6532-1581(代表)／本の内容について：(06)6532-1586(編集)

Printed in Japan　高廣製本
落丁・乱丁本はお取り替えします。

ひっぱると，はずして使えます。

中1

5科 復習ワーク

《解答編》

解答編

中1/復習ワーク5科

数学

第1日 正の数・負の数 ―――― p.4~p.5

1 (1)+3 cm 短い (2)+5 kg 軽い

2 (1)$-\frac{20}{3}$ (2)3，6 (3)−2，−5
(4)0.25

3 (1)−2 (2)14 (3)−1 (4)$\frac{1}{12}$

4 (1)−63 (2)5 (3)−48 (4)$\frac{1}{4}$

5 (1)$2^2\times3$ (2)$2\times3\times5^2$

6 (1)14 (2)8 (3)8 (4)$\frac{1}{25}$

7 (1)−1 (2)−34

8 (1)64 点 (2)64.6 点

9 ア，ウ

解説

1 反対の意味をもつ量は，正の数，負の数で表すことができる。

2 (1)それぞれの数を数直線上に表したときに，左にある数ほど小さい数である。
(4)符号《ふごう》をとって，最も小さい数を選ぶ。

覚えておこう 絶対値
数直線上で，0からある数までの距離《きょり》を，その数の「絶対値」という。

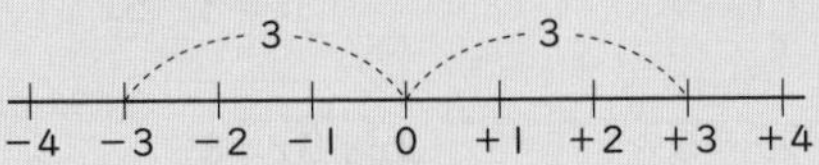

例 −3，+3 の絶対値は 3
0 の絶対値は 0

3 (4)与式$=-\frac{1}{2}+\frac{1}{4}+\frac{1}{3}=-\frac{6}{12}+\frac{3}{12}+\frac{4}{12}$
$=\frac{1}{12}$

4 (3)与式$=-36\div3\times4=-12\times4=-48$
(4)与式$=\frac{3}{7}\times\frac{7}{10}\times\frac{5}{6}=\frac{1}{4}$

5 整数を，素数 2，3，5，…で順にわっていく。同じ数の積は，指数を使って表す。

覚えておこう 素数
2 以上の整数で，1 とその数自身のほかに約数をもたない数を，「素数」という。

6 (3)与式$=\{-64-3\times(-8)\}\div(-5)$
$=(-64+24)\div(-5)=-40\div(-5)=8$
(4)与式$=-\frac{4}{25}+\frac{2}{3}\times\left(\frac{5}{10}-\frac{2}{10}\right)$
$=-\frac{4}{25}+\frac{2}{3}\times\frac{3}{10}=-\frac{4}{25}+\frac{1}{5}$
$=-\frac{4}{25}+\frac{5}{25}=\frac{1}{25}$

7 (1)与式$=\frac{5}{6}\times24-\frac{7}{8}\times24=20-21=-1$
(2)与式$=-0.34\times(37+63)$
$=-0.34\times100=-34$

覚えておこう 分配法則
(■+●)×▲=■×▲+●×▲
▲×(■+●)=▲×■+▲×●

8 (1)68−(+4)=64(点)
(2)5 人の平均点とクラスの平均点の差は，
{(+4)+(−3)+(+7)+(−6)+(+1)}÷5
=(+3)÷5=+0.6
よって，64+0.6=64.6(点)

9 □に自然数をあてはめて考える。
イは，例えば 2−3=−1 より，負の整数になる場合がある。
エは，例えば $2\div3=\frac{2}{3}$ より，分数になる場合がある。

第2日 文字と式 ―――― p.6~p.7

1 (1)$4x$ (2)$-m$ (3)x^3 (4)$5(a-b)$

2 (1)$3\times x\times y$ (2)$2\times a-3\times b$
(3)$(a+b)\div3$

3 (1)1　(2)4

4 (1)$5x-7$　(2)$5x+1$　(3)$2x+10$

5 (1)$-6x$　(2)$-6a+4$　(3)$3m-2$
(4)$6x-15$

6 (1)$5a+4$　(2)$60a+4$　(3)$\frac{5}{12}x+\frac{11}{12}$
(4)$\frac{7x+13}{12}$

7 (1)$a+b<500$　(2)$60a \leqq 3000$

8 (1)直方体の体積
(2)直方体のすべての辺の長さの和

解説

1 (2)-1 と文字の積は，1 を省く。
(4)(　)はひとまとまりとみる。数字を(　)の前に書く。

覚えておこう　1と文字との積の表し方

$1\times a=a$，$(-1)\times a=-a$

2 (3)分子の $a+b$ にかっこをつけて，ひとまとまりの数とみる。

3 負の数を代入するときは，(　)をつける。
(1)$-3x-5=-3\times(-2)-5=6-5=1$
(2)$x^2=(-2)^2=(-2)\times(-2)=4$

4 (3)与式$=5x+6-3x+4=2x+10$

5 (4)与式$=\frac{9(2x-5)}{3}=3(2x-5)=6x-15$

6 (4)与式$=\frac{3(5x+3)-4(2x-1)}{12}$
$=\frac{15x+9-8x+4}{12}=\frac{7x+13}{12}$

7 (1)「より安かった」だから，$a+b<500$
(2)「以下だった」だから，$60a \leqq 3000$

覚えておこう　不等号

a は b 以上…$a \geqq b$　a は b より大きい…$a>b$
a は b 以下…$a \leqq b$　a は b より小さい…$a<b$
a は b 未満…$a<b$

8 この直方体は，1 つの底面が 1 辺 a cm の正方形，1 つの側面が縦 b cm，横 a cm の長方形で，2 つの底面と，4 つの側面から成っている。(1)a^2 は底面積，b は高さだから，この直方体の体積を表している。

第3日　1次方程式　p.8~p.9

1 ア，ウ

2 ①イ　②ア　③エ

3 (1)$x=5$　(2)$x=-4$　(3)$x=-8$

4 (1)$x=8$　(2)$x=-1$

5 (1)$x=-3$　(2)$x=3$　(3)$x=6$
(4)$x=-15$

6 (1)$x=-7$　(2)$x=6$

7 (1)$x=4$　(2)$x=\frac{42}{5}$　(3)$x=23$
(4)$x=\frac{1}{2}$

8 (1)$a=5$　(2)$a=-1$　(3)$p=2$

解説

1 x に -2 を代入して，等式が成り立つかどうかを調べる。

2
$$2x-5=5x+4$$
$$2x-5-5x=5x+4-5x$$
$$-3x-5=4$$
$$-3x-5+5=4+5$$
$$-3x=9$$
$$-3x\div(-3)=9\div(-3)$$
$$x=-3$$

3 (3)
$$2x-3=3x+5$$
$$2x-3x=5+3$$
$$-x=8$$
$$x=-8$$

覚えておこう　移《い》項《こう》

移項するときは，必ず，項の符《ふ》号《ごう》を変える。

$2x+1=5$ → $2x=5-1$
$3x=8-5x$ → $3x+5x=8$

4 (2)
$$4(2x-3)-3(4x-5)=7$$
$$8x-12-12x+15=7$$
$$-4x=4$$
$$x=-1$$

5 (3)両辺を 100 倍すると，
$$15x+10=9x+46$$
$$6x=36$$
$$x=6$$

6 (2)両辺を 14 倍すると，
$42-2(6-x)=7x$
$42-12+2x=7x$
$-5x=-30$
$x=6$

7 (1)$6x=24$　$x=4$
(4)両辺に 3 をかけて，$1:3x=8:12$
$24x=12$　$x=\frac{1}{2}$

> 覚えておこう　**比の性質**
> $a:b=m:n$ ならば，$an=bm$

8 (3)②の方程式を解くと，$x=4$
$x=4$ を，①に代入すると，
$4p-(p-2)=2p+4$　$p=2$

第4日　1次方程式の利用 ―――― p.10~p.11

1 (1)$200x+600(9-x)=3000$
(2)中学生…6 人，大人…3 人
2 (1)$6x+17=8x-5$，りんご…83 個
(2)$\frac{x-17}{6}=\frac{x+5}{8}$，りんご…83 個
3 47
4 (1)12 分後　(2)28 分後

解説

1 (1)中学生の人数を x 人とすると，大人の人数は，$(9-x)$ 人

2 (1)子どもの人数が 11 人だから，りんごの個数は，$6\times11+17=83$(個)
または，$8\times11-5=83$(個)

3 求める自然数の十の位の数を x とすると，もとの自然数は $10x+7$ と表せる。
十の位の数と一の位の数を入れかえた数は $70+x$ と表せる。
$70+x=(10x+7)+27$
これを解くと，$x=4$　十の位が 4 で，一の位が 7 だから，求める自然数は 47

4 (1)2 人が x 分後に出会うとすると，
$200x+80x=3360$
これを解くと，$x=12$
(2)ちょうど 1 周追いぬくのは，2 人の差が 1 周差になるということだから，x 分後にちょうど 1 周追いぬくとすると，
$200x-80x=3360$
これを解くと，$x=28$

> 覚えておこう　**池のまわりを進む問題**
> **池のまわりを反対方向に進むとき**
> 出会うまでに 2 人が進んだ道のりの和が，池の 1 周の長さに等しい。
> **池のまわりを同じ方向に進むとき**
> 追いつくまでに 2 人が進んだ道のりの差が，池の 1 周の長さに等しい。

第5日　比例と反比例 ① ―――― p.12~p.13

1 ア，イ，エ
2 (1)$y=-3x$　(2)$y=-18$
(3)$y=6$　(4)$x=-\frac{8}{3}$
3 (1)$y=-\frac{8}{x}$　(2)$y=2$
(3)$y=-16$　(4)$x=-1$
4 (1)$y=-4x$，-8
(2)$y=\frac{12}{x}$，左から順に，-4，6
5 $y=45x$，20 m
6 40

解説

1 x の値を 1 つ決めると，それに対応する y の値がただ 1 つに決まれば，y は x の関数である。
ア $y=60x$，イ $y=\frac{20}{x}$，エ $y=250-x$

2 (4)$y=-3x$ に，$y=8$ を代入すると，
$8=-3x$　$3x=-8$　$x=-\frac{8}{3}$

3 (3)$y=-\frac{8}{x}=-8\div x=-8\div\frac{1}{2}=-16$

4 (2)x と y の積 xy の値は 12 で一定である。
$xy=12$ より，$y=\frac{12}{x}$
$xy=12$ に，$x=-3$ を代入すると，
$-3y=12$　$y=-4$

5 針金の長さと重さは比例の関係である。
$y=ax$ に $x=3$，$y=135$ を代入すると，
$135=3a$　$a=45$　よって，$y=45x$
この式に，$y=900$ を代入すると，
$900=45x$　$x=20$

6 歯車Aの歯数と1分間の回転数の積は，歯車Bの歯数と1分間の回転数の積に等しいから，

$16\times250=x\times y$　$xy=4000$　$y=\dfrac{4000}{x}$
この式に，$y=100$ を代入すると，
$100=\dfrac{4000}{x}$　$100x=4000$　$x=40$

第6日 比例と反比例 ②

p.14〜p.15

1 (1)

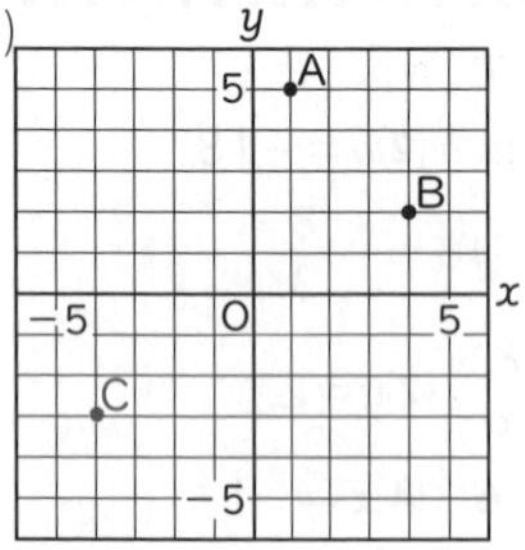

(2)19.5 cm²

2 (1)

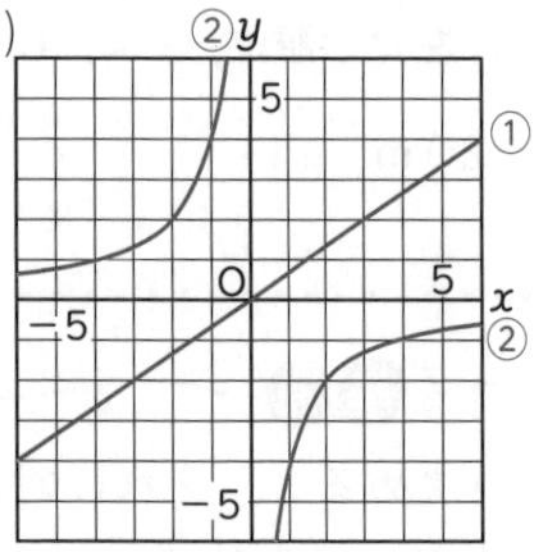

(2)① $y=-\dfrac{4}{5}x$　② $y=\dfrac{6}{x}$

3 (1)$0\leqq x\leqq8$　(2)$y=2x$

(3)

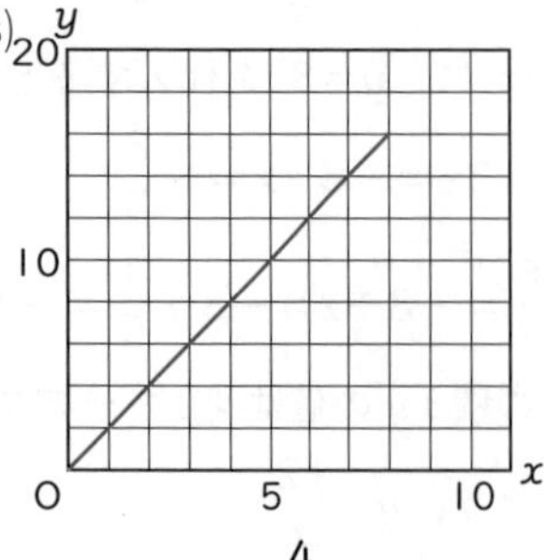

4 (1)$a=8$，$p=-\dfrac{4}{3}$　(2)8つ

解説

1 (2)右の図で，三角形ABCの面積は，正方形DCFEの面積から，3つの三角形DCA，BCF，ABEの面積をひくと求められるから，三角形ABCの面積は，

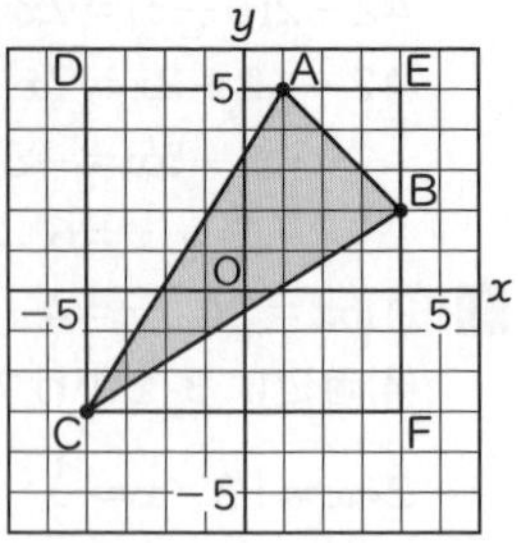

$8\times8-\left(\dfrac{1}{2}\times5\times8+\dfrac{1}{2}\times8\times5+\dfrac{1}{2}\times3\times3\right)$

$=64-\left(20+20+\dfrac{9}{2}\right)=19.5(\text{cm}^2)$

2 (1)①原点Oと点(3，2)を通る直線をひく。
②点(1，−4)，点(2，−2)，点(4，−1)ならびに，点(−1，4)，点(−2，2)，点(−4，1)を，なめらかな曲線で結ぶ。
(2)x，y 座標がともに整数である点に着目する。①のグラフは，原点を通る直線で，点(5，−4)を通るから，$y=ax$　$-4=5a$

$a=-\dfrac{4}{5}$　$y=-\dfrac{4}{5}x$

3 (1)点PがB上にあるとき，$x=0$，点PがC上にあるとき，$x=8$ だから，$0\leqq x\leqq8$

(2)$y=\dfrac{1}{2}\times\text{BP}\times\text{AB}$　$y=\dfrac{1}{2}\times x\times4=2x$

(3)原点と(8，16)を直線で結ぶ。x の変域に注意してかく。

4 (1)点Aは $y=2x$ のグラフ上にあるから，
$y=2x$ に $x=2$ を代入すると，$y=4$
よって，A(2，4)

点Aは，$y=\dfrac{a}{x}$ のグラフ上の点でもあるから，$x=2$，$y=4$ を代入すると，$4=\dfrac{a}{2}$

$a=8$

点Bは，$y=\dfrac{8}{x}$ のグラフ上の点だから，

$x=-6$，$y=p$ を代入すると，

$p=\dfrac{8}{-6}=-\dfrac{4}{3}$

(2)(1，8)，(2，4)，(4，2)，(8，1)，(−1，−8)，(−2，−4)，(−4，−2)，(−8，−1)の8つ。

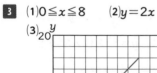

覚えておこう **グラフ上にある点**

グラフが点(□，△)を通るとき

　グラフの式に x=□，y=△ を代入して，

　グラフの式を求める。

x，y，a の３つのうち２つがわかっていれば，残りの１つは計算で求められる。

第7日 平面図形 —— *p.16〜p.17*

1

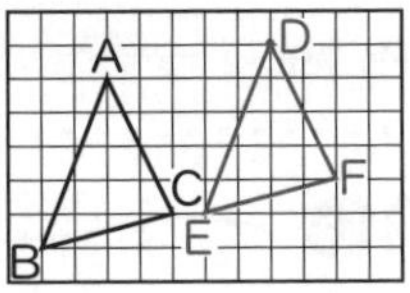

2 (1)OC＝OF　(2)100 度

3

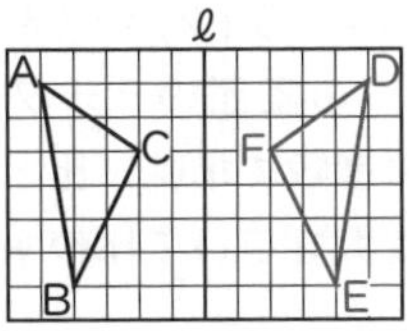

4

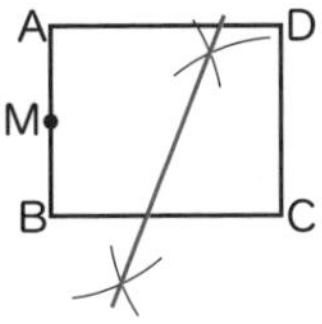

5

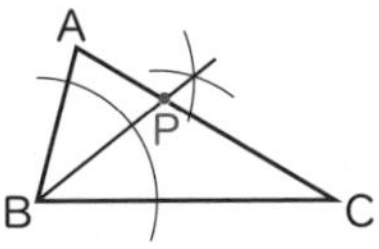

6

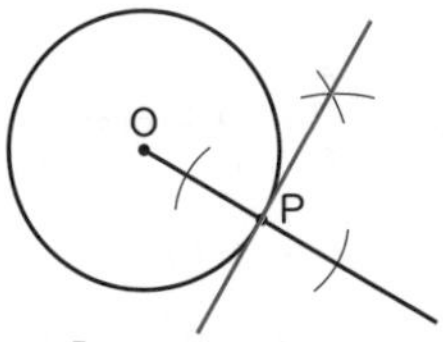

7 (1)弧《こ》の長さ…6π cm，面積…27π cm^2

(2)中心角…240°，面積…24π cm^2

解説

1 平行移動では，対応する点を結んだ線分 AD，BE，CF は，それぞれ平行で，その長さは等しくなる。

2 回転移動では，対応する点は，回転の中心からの距離《きょり》が等しく，回転の中心と結んでできた角の大きさはすべて等しい。

3 対称《たいしょう》移動で移りあう図形は，対称の軸《じく》について線対称である。また，対応する点を結んだ線分は，対称の軸と垂直に交わり，その交点で２等分される。

4 折り目となる直線は，線分 MC の垂直二等分線である。

5 ∠ABC の二等分線をひき，辺 AC との交点を P とすればよい。

6 接線は，接点を通る半径に垂直だから，接点 P を通る直線 OP の垂線をひく。

覚えておこう **基本の作図**

(1)線分の垂直二等分線　(2)角の二等分線　(3)垂線

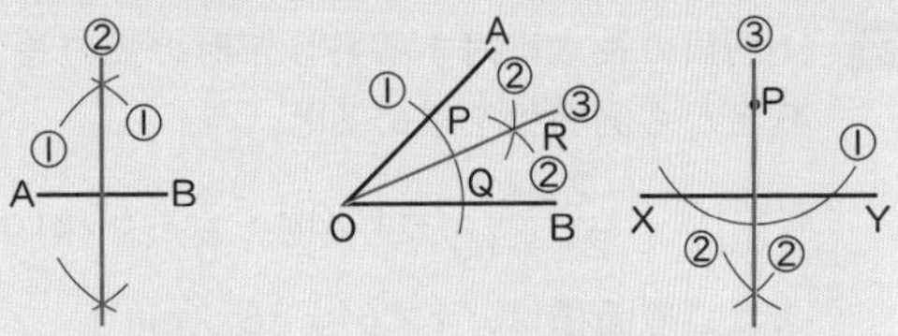

7 (1)弧の長さは，$2\pi\times9\times\dfrac{120}{360}=6\pi$(cm)

面積は，$\pi\times9^2\times\dfrac{120}{360}=27\pi$(cm^2)

(別解)　$\dfrac{1}{2}\times6\pi\times9=27\pi$(cm^2)

(2)中心角を x°とすると，

$8\pi=2\pi\times6\times\dfrac{x}{360}$

これを解くと，$x=240$

面積は，$\pi\times6^2\times\dfrac{240}{360}=24\pi$(cm^2)

(別解)　$\dfrac{1}{2}\times8\pi\times6=24\pi$(cm^2)

第8日 空間図形 —— *p.18〜p.19*

1 (1)辺 CG，辺 DH，辺 EH，辺 FG

(2)面 ABFE，面 AEHD，面 CGHD

(3)面 BFGC，面 EFGH

2 (1)

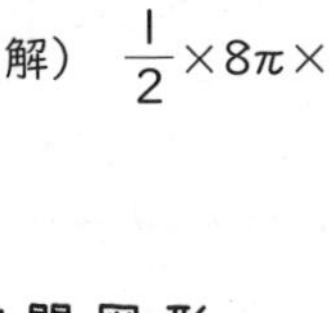

(2)

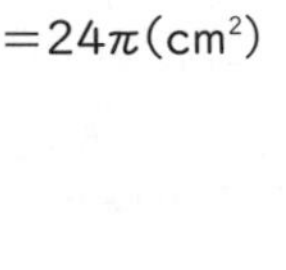

3 (1)ウ　(2)ア　(3)カ

4 (1)96π cm² (2)128π cm³

5 30 cm³

6 (1)表面積…16π cm²，体積…$\frac{32}{3}\pi$ cm³

(2)表面積…36π cm²，体積…36π cm³

解説

1 (1)辺 AB と平行な辺と，辺 AB と交わる辺以外の残りの辺が，辺 AB とねじれの位置にある辺である。

2 (2)回転の軸《じく》から離《はな》れた図形を 1 回転させると，中がくり抜《ぬ》かれた形の立体ができる。

3 立面図から立体の側面の形を，平面図から立体の底面の形を考える。

4 (1)円周の長さに対するおうぎ形の弧《こ》の長さの割合から側面積を求めると，

$\pi\times10^2\times\frac{2\pi\times6}{2\pi\times10}=100\pi\times\frac{3}{5}=60\pi(\text{cm}^2)$

また，底面積は，$\pi\times6^2=36\pi(\text{cm}^2)$

よって，表面積は，

$60\pi+36\pi=96\pi(\text{cm}^2)$

(別解) $\frac{1}{2}\times2\pi\times6\times10=60\pi(\text{cm}^2)$

$60\pi+\pi\times6^2=96\pi(\text{cm}^2)$

(別解) $\pi\times10\times6=60\pi(\text{cm}^2)$

$60\pi+\pi\times6^2=96\pi(\text{cm}^2)$

覚えておこう **円錐《すい》の側面積**

$(\text{側面積})=\pi R^2\times\frac{2\pi r}{2\pi R}$

$=\pi R^2\times\frac{r}{R}$

$=\pi Rr$

と求めることもできる。

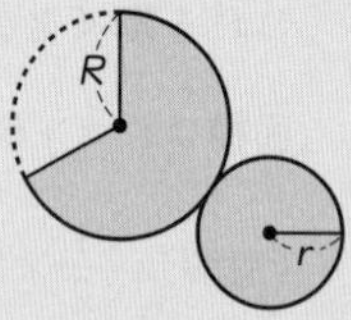

(2)$\frac{1}{3}\times\pi\times8^2\times6=128\pi(\text{cm}^3)$

5 $\frac{1}{3}\times\frac{1}{2}\times5\times4\times9=30(\text{cm}^3)$

6 (1)表面積は，$4\times\pi\times2^2=16\pi(\text{cm}^2)$

体積は，$\frac{4}{3}\times\pi\times2^3=\frac{32}{3}\pi(\text{cm}^3)$

(2)表面積は，$4\times\pi\times(6\div2)^2=36\pi(\text{cm}^2)$

体積は，$\frac{4}{3}\times\pi\times(6\div2)^3=36\pi(\text{cm}^3)$

第9日 データの整理 ——— p.20~p.21

1 (1)

通学時間(分)	度数(人)	相対度数	累積度数(人)	累積相対度数
以上 未満 0 ～ 5	2	0.06	2	0.06
5 ～ 10	7	0.20	9	0.26
10 ～ 15	5	0.14	14	0.40
15 ～ 20	9	0.26	23	0.66
20 ～ 25	6	0.17	29	0.83
25 ～ 30	4	0.11	33	0.94
30 ～ 35	0	0.00	33	0.94
35 ～ 40	2	0.06	35	1.00
計	35	1.00		

(2)25 分以上 30 分未満 (3)40 %

2 ウ

3 (ア)20 (イ)10 (ウ)75

解説

1 (1)15 分以上 20 分未満の階級の度数は，

$35-(2+7+5+6+4+0+2)=9$(人)

2 大きさの異なる 2 つの集団のデータを比較《ひかく》する場合，各階級の度数で単純に比べることはできない。相対度数を用いて比較する。

第10日 仕上げテスト ——— p.22~p.23

1 (1)$\frac{9}{2}$ (2)$\frac{5x-1}{6}$

2 (1)$x=2$ (2)$x=2$

3 (1)8 個 (2)-1

4 0.80

5 15 km

6 (1)$y=\frac{1}{3}x$ (2)$y=\frac{12}{x}$ (3)9 cm²

7

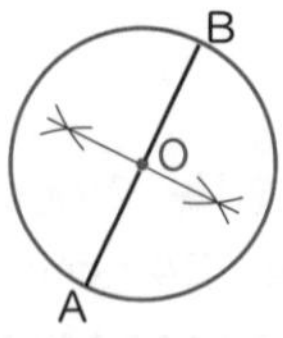

8 体積…200π cm³

表面積…148π cm²

解説

1 (2)与式$=\frac{2(4x-5)-3(x-3)}{6}$

$=\frac{8x-10-3x+9}{6}=\frac{5x-1}{6}$

2 (2)両辺を 10 倍すると，

$5x-10=2x-4$　$3x=6$　$x=2$

3 (1)-7，-6，-5，-4，4，5，6，7 の 8 個。

(2)$-x-5=-(-4)-5=4-5=-1$

4 10 冊以上 15 冊未満の階級の累積《るいせき》度数は，$10+8+2=20$(人) だから，累積相対度数は，$20\div25=0.8$

5 自転車で走った道のりを x km とすると，

$$\frac{x}{12}+\frac{18-x}{4}=2$$

これを解くと，$x=15$

6 (3)点 R を通り x 軸《じく》に垂直な直線と，比例のグラフとの交点を T とすると，点 T の x 座標は 3 だから，点 T の座標は(3，1)

また，点 P(6，2)，点 S(3，4)だから，

$\triangle OPS=\triangle OST+\triangle PST$

$=\frac{1}{2}\times(4-1)\times3+\frac{1}{2}\times(4-1)\times(6-3)$

$=\frac{9}{2}+\frac{9}{2}=9(cm^2)$

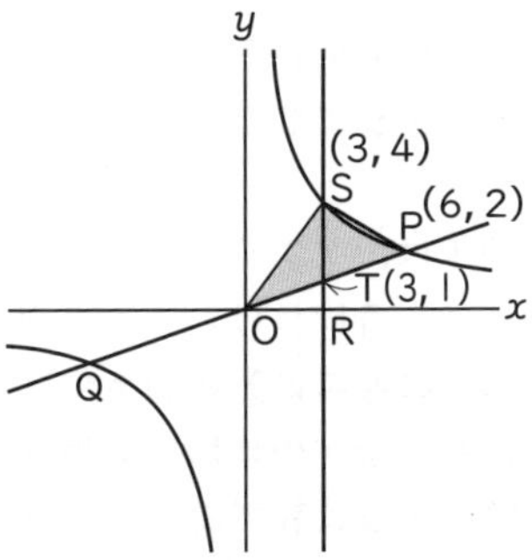

覚えておこう　**座標と図形**

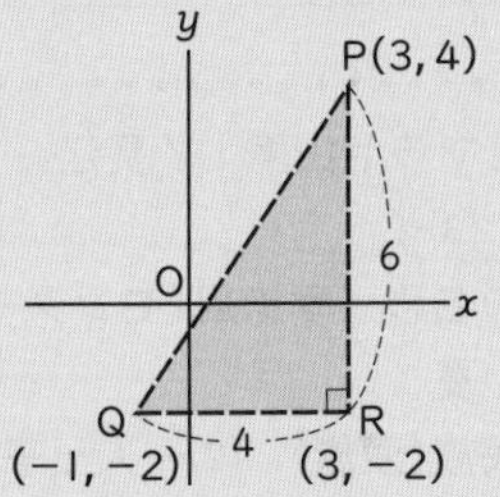

PR＝(点 P の y 座標)－(点 R の y 座標)

$=4-(-2)=6$

QR＝(点 R の x 座標)－(点 Q の x 座標)

$=3-(-1)=4$

7 線分 AB の垂直二等分線と，線分 AB との交点が，円の中心 O である。

8 回転させてできる立体は，底面の半径が 6 cm，高さが 6 cm の円柱から，底面の半径が 4 cm，高さが 3 cm の円錐《すい》をくり抜《ぬ》いた形になるので，

体積は，$\pi\times6^2\times6-\frac{1}{3}\times\pi\times4^2\times3$

$=216\pi-16\pi=200\pi(cm^3)$

表面積は，円柱の表面積から円錐の底面積をひき，円錐の側面積をたすと求められる。

(円柱の表面積)$=6\times2\pi\times6+\pi\times6^2\times2$

$=72\pi+72\pi$

$=144\pi(cm^2)$

(円錐の底面積)$=\pi\times4^2=16\pi(cm^2)$

(円錐の側面積)$=\pi\times5^2\times\frac{2\pi\times4}{2\pi\times5}$

$=20\pi(cm^2)$

よって，$144\pi-16\pi+20\pi=148\pi(cm^2)$

社会

第1日　世界と日本のすがた ——— p.24〜p.25

1 (1)ウ　(2)本初子午線《ほんしょしごせん》
(3)太平洋《たいへいよう》　(4)オーストラリア　(5)エ

2 (1)X：3　Y：ヨーロッパ州
(2)インド：イ　ロシア連邦《れんぽう》：オ

3 (1)①ウ　②排他《はいた》的経済水域
(2)①北方領土《ほっぽうりょうど》　②ロシア連邦
(3)東経 135 度

4 (1)標準時　(2) 2 時間　(3) 8 時間

解説

1 (1)赤道は，東南アジアではインドネシア，南アメリカではエクアドルやブラジルを通る。(3)三大洋には，太平洋のほか，大西洋《たいせいよう》，インド洋がある。　(5)アフリカ大陸は，かつてヨーロッパ諸国の植民地とされていたため，国境線が経線や緯線《いせん》に沿って引かれている国が多くある。

2 (1)X：北アメリカ州に属するのは，アメリカ合衆国《がっしゅうこく》，カナダ，メキシコの３か国。
(2)国連人口推計によると 2023 年７月にインドが中国を上回り世界最多の人口となった。

3 (1)①日本の東端《とうたん》に位置するのは南鳥《みなみとり》島，西端に位置するのは与那国《よなぐに》島。②排他的経済水域内では，その沿岸国が水産資源や海底資源を利用する権利をもつ。　(2)①北方領土は，歯舞《はぼまい》群島，色丹《しこたん》島，国後《くなしり》島，択捉《えとろふ》島の４島からなる。

4 (2)日本と西部インドネシアとの経度差は，135－105＝30(度)。15 度で１時間の時差が生じるから，30÷15＝2 で２時間の時差がある。　(3) 2 時間の時差があり，西部インドネシアは日本よりも西にあるから，日本が午前 11 時 20 分のとき，西部インドネシアの時刻は午前９時 20 分。午前９時 20 分に出発した飛行機が午後５時 20 分に到着《とうちゃく》したと考えればよい。

覚えておこう　赤道と本初子午線
赤道は緯度０度，本初子午線は経度０度。

第2日　世界各地の人々の生活と環境　p.26〜p.27

1 (1)熱帯　(2)イ
(3)オアシス　(4)エ

2 (1)A イ　B ウ　(2)遊牧

3 (1)エ　(2)ウ　(3)ア

4 (1)キリスト教　(2)ウ　(3)エ

解説

1 (1)世界の気候は，主に熱帯，乾燥《かんそう》帯，温帯，冷帯(亜《あ》寒帯)，寒帯の５つに分けられる。(2)温暖で一年中一定の雨が降ることから，西岸海洋性気候があてはまる。　(3)C の都市は，乾燥帯の砂漠《さばく》気候に属している。乾燥した地域で地下水がわき出るところをオアシスという。　(4)D の都市が属している冷帯(亜寒帯)は，針葉樹林が広がっている。**ア**は砂漠気候，**イ**は熱帯雨林気候，**ウ**はステップ気候の自然環境《かんきょう》を示している。

2 (1)A はステップ気候に属するモンゴルで見られる移動式の住居(ゲル)，B は熱帯に属するインドネシアなどで見られる高床《たかゆか》式の住居である。

3 (1)資料Ⅰは，アンデス山脈の高地で見られるポンチョを身につけた人々の様子である。
(2)資料Ⅱの服装は動物の毛皮でつくられたもので，寒帯などの地域で着用されている。

4 (2)B はイスラム教である。**ウ**はキリスト教について述べた文である。

第3日　アジア ——— p.28〜p.29

1 (1)X ヒマラヤ山脈　Y 長江
(2)イ　(3)イ
(4)風の名称《めいしょう》：季節風(モンスーン)
季節：夏

2 (1)漢《かん》民族(漢族)　(2)一人っ子政策
(3)ア　(4)経済特区

3 (1)エ
(2)東南アジア諸国連合(ASEAN)
(3)ア　(4)プランテーション

4 (1)ア　(2)情報通信技術(ICT)産業
(3)OPEC

解説

1 (2)中国では，主に，華北《かほく》や東北部では畑作，華中や華南では稲作《いなさく》，西部では牧畜《ぼくちく》が行われている。　(4)季節風(モンスーン)は，夏は海洋から大陸に向かって，冬は大陸から海洋に向かって吹《ふ》く。

2 (3)**ア**：少数民族は西部に多い。　(4)経済特区では，税金や土地の値段を安くするなど，外国企業《きぎょう》が進出しやすい環境《かんきょう》が整えられている。シェンチェンなど５つの地域に設置された。

3 (3)東南アジアの国の多くは，賃金や地価が安いことから外国企業が多く進出しており，工業化が進んでいる。　(4)プランテーションは，大規模な農園で，植民地時代にヨーロッパの資本家が進出し，現地の安い労働力を利用して開いたのが始まり。

4 (1)インドのデカン高原などでは，綿花の栽培《さいばい》がさかんである。　(2)インドにアメリカなどの企業が進出し，南部のベンガルール(バンガロール)などでは情報通信技術(ICT)産業が発達している。

覚えておこう　東南アジアの宗教

- 仏教徒が多い国…タイ，ミャンマー
- キリスト教徒が多い国…フィリピン
- イスラム教徒が多い国…マレーシア，インドネシア

第4日　ヨーロッパ・アフリカ ――― *p.*30～*p.*31

1 (1)フィヨルド
(2)ライン川
(3)アルプス＝ヒマラヤ造山帯
(4)**ウ**　(5)ゲルマン系
(6)混合農業

2 (1)キリスト教
(2)ユーロ
(3)①**ウ**　②**イ**　③**エ**

3 (1)ナイル川　(2)サヘル
(3)モノカルチャー経済
(4)カカオ

4 (1)**エ**　(2)D

解説

1 (1)ヨーロッパでは，フィヨルドはスカンディナビア半島などで見られる。　(2)Yの河川《かせん》はライン川で，スイスやオーストリア，ドイツ，オランダなどを流れる。　(4)地中海沿岸では，地中海式農業が行われており，オリーブなど果樹栽培《さいばい》がさかん。
(5)ヨーロッパでは，ドイツやノルウェーなど中部・北部にゲルマン系，スペインやイタリアなど南部にラテン系，ポーランドなど東部にスラブ系の民族が多く住んでいる。

2 (2)デンマークやスウェーデン，ブルガリアなどでは，ユーロを使用していない。　(3)①パリ盆地《ぼんち》が小麦生産の中心地。②ヨーロッパでは，近年，航空機生産の国際分業が進み，ドイツなどには，航空機の組み立て工場などがある。③ポルダーはオランダの国土の約４分の１を占《し》める。

3 (2)サヘルは，世界最大の砂漠《さばく》であるサハラ砂漠の南側に位置する。　(3)農産物や鉱産資源は天候や他国の影響《えいきょう》を受けやすいため，価格が変動しやすく，経済が安定しないという問題がある。　(4)ギニア湾《わん》岸では，プランテーションによるカカオ豆の生産がさかんである。

4 (1)Xで示された都市はチュニジアのチュニスで，温帯の地中海性気候に属する。　(2)原子力による発電量が多いこと，穀物《こくもつ》自給率が高いことからフランスとわかる。

覚えておこう　EUの国々

- EU最大の農業国…フランス
- EU最大の工業国…ドイツ

第5日　南北アメリカ・オセアニア ― *p.*32～*p.*33

1 (1)メキシコ湾《わん》　(2)五大湖
(3)**ア**　(4)**イ**　(5)サンベルト
(6)適地適作

2 (1)**ウ**　(2)日系人
(3)X：アマゾン
　Y：熱帯雨林

3 (1)**ア**　(2)ヒスパニック
(3)バイオエタノール(バイオ燃料)

4 (1)イギリス　(2)白豪《はくごう》主義
(3)オーストラリア：アボリジニ
ニュージーランド：マオリ
(4)エ　(5)イ

解説

1 (1)メキシコ湾岸は，世界的な油田地帯。
(2)シカゴやデトロイトなどの都市がある。
(3)地図中の斜線《しゃせん》部はグレートプレーンズを示している。グレートプレーンズは，よく肥えた黒土地帯で，アメリカの小麦の重要な産地である。　(4)サンフランシスコについて述べた文である。　(5)サンベルトでは，情報通信技術(ICT)産業や航空宇宙産業などが発達している。　(6)国土が広大なアメリカでは，地域によって気候が異なるため，それぞれの地域に合わせた農業を行っている。これを適地適作という。

2 (1)ブラジルはポルトガルの植民地だったため，公用語もポルトガル語。他の南アメリカ大陸の国々の公用語は，ほとんどがスペイン語。　(2)ブラジルなどに多く移住した。日系人の子孫の中には，現在，日本へ出かせぎに来る人も多くいる。

3 (1)Aはアメリカ合衆国，Bはカナダ，Cはブラジルがあてはまる。ブラジルは，植民地時代にコーヒー豆の大農園が築かれ，輸出向けに大量に生産された。現在も，ブラジルは，世界一のコーヒー豆の輸出国である。
(2)ヒスパニックは，メキシコや中央アメリカ，西インド諸島などから，仕事を求めてアメリカへ移住した人々である。　(3)バイオエタノール(バイオ燃料)は，さとうきびやとうもろこしなどの植物を原料にしてつくられる燃料である。バイオエタノールは二酸化炭素の排出《はいしゅつ》量を抑《おさ》えられるので，地球温暖化防止に向けて，研究が進められている。

4 (2)白豪主義の廃止《はいし》後は，アジア各地からの移民が増加している。　(4)日本が輸入している石炭のうち，60％以上はオーストラリアから輸入している(2017年)。　(5)▲は西北部に集中しているため,鉄鉱石である。オーストラリアは鉄鉱石の生産量が世界一(2015年)である。

覚えておこう　**アメリカの工業**

北緯《ほくい》37度以南の地域に広がるサンベルトが発達した理由は，温暖で広大な土地，豊富な資源，人件費の安い労働力などの条件がそろっていたため。

第6日　文明のおこりと日本　p.34～p.35

1 (1)ナイル(川)
(2)ピラミッド
(3)ウ
(4)インダス文明
(5)甲骨《こうこつ》文字

2 (1)漢《かん》　(2)エ
(3)万里《ばんり》の長城

3 (1)エ　(2)ウ

4 (1)ウ　(2)倭《わ》
(3)弥生《やよい》土器
(4)卑弥呼《ひみこ》

5 (1)前方後円墳《ぜんぽうこうえんふん》
(2)例 この地域に強力な権力をもつ人がいたことが考えられる。

解説

1 (2)ピラミッドはエジプト文明で見られる。
(4)モヘンジョ＝ダロは現在のパキスタンにある都市遺跡《いせき》。　(5)甲骨文字は，占《うらな》いの結果を記すために使われ，現在の漢字のもととなった。

2 (1)漢は，紀元前2世紀に中国を統一した国である。　(2)シルクロードを通じて，インドやローマ帝国《ていこく》などから中国へ，仏教や馬，ぶどうなどが伝えられた。　(3)秦《しん》の始皇帝《しこうてい》が，北方の異民族の侵入《しんにゅう》を防ぐために，万里の長城を築いた。

3 (1)縄文《じょうもん》人のごみ捨て場のあとである貝塚から，食生活など当時の人々の生活のようすを知ることができる。**ア**は古墳時代，**イ**，**ウ**は弥生時代について書かれている。　(2)**ア**は弥生時代，**イ**は古墳時代に見られる。**エ**の金印は奴国《なこく》《なのくに》の王が漢の皇帝から授《さず》けられた。

4 (1)卑弥呼が使いを送ったのは魏《ぎ》。このころの中国は，魏・呉《ご》・蜀《しょく》が存在する三国時代であった。　(3)邪馬台国は弥生時代に存在したと考えられている。

5 (2)巨大《きょだい》な古墳をつくるためには，多くの人を長期間動員できるだけの力が必要である。また前方後円墳が東北地方南部から九州地方までの各地で見られることから，大和政権《やまとせいけん》の勢力が全国に広がっていたと考えられる。

覚えておこう　**四大文明**

エジプト文明…ピラミッド，太陽暦《たいようれき》
メソポタミア文明…くさび形文字，太陰暦《たいいんれき》
インダス文明…モヘンジョ＝ダロ
中国文明…甲骨文字

第7日　古代国家の展開 ―――― *p.36～p.37*

1 (1)A：隋《ずい》　B：唐《とう》
(2)高句麗《こうくり》《コグリョ》
(3)律令《りつりょう》

2 (1)聖徳太子《しょうとくたいし》(厩戸皇子《うまやどの》)
(2)蘇我馬子《そがのうまこ》
(3)推古天皇《すいこてんのう》
(4)例 家がらでなく才能によって役人を登用するため。
(5)十七条の憲法
(6)飛鳥《あすか》文化
(7)小野妹子《おののいもこ》

3 (1)①調　②庸《よう》
(2)中臣鎌足《なかとみのかまたり》
(3)①ア　②口分田　③ウ
(4)ウ(→)ア(→)イ

解説

1 (2)隋《ずい》が中国を統一したころの朝鮮《ちょうせん》半島には北部に高句麗，南東部に新羅《しらぎ》《シルラ》，南西部に百済《くだら》《ペクチェ》の三国があった。　(3)律とは刑罰《けいばつ》に関するきまりで，令とは行政に関するきまり。日本でも中国の律令にならって，大宝律令などがつくられた。

2 (2)聖徳太子と蘇我氏は対立関係でなく，協力関係にあった。　(3)推古天皇は，日本最初の女帝《じょてい》。　(5)聖徳太子は天皇中心の政治を目指していた。　(7)聖徳太子は，遣隋使《けんずいし》を派遣して，中国の進んだ制度や文化を取り入れようとした。

3 (1)租《そ》はそれぞれの国に納められたが，調や庸として納める品々は，農民が自ら都まで運ばなければならず，重い負担となっていた。
(3)①奈良時代は唐との交流がさかんで，東大寺の正倉院《しょうそういん》には，唐から伝えられた品や，唐を経て西アジアから伝えられた品が多数納められた。
③鑑真《がんじん》は，遣唐使とともに来日し，正しい仏教の教えを広めた。聖武《しょうむ》天皇は，ほかにも都に東大寺，全国に国分寺《こくぶんじ》，国分尼寺《こくぶんにじ》を建立《こんりゅう》して，仏教を広めようとした。
(4)ア：摂政《せっしょう》・関白《かんぱく》が常に置かれるようになったのは，10 世紀ごろ。イ：白河《しらかわ》上皇の院政開始は 11 世紀末の 1086 年。ウ：桓武《かんむ》天皇が律令政治の立て直しに取り組んだのは 8 世紀末～ 9 世紀初め。

覚えておこう　**摂関政治と院政**

摂関政治…藤原道長《ふじわらのみちなが》・頼通《よりみち》。摂政・関白として政治の実権をもつ。
院政…白河上皇。天皇の位を退いた後も，上皇として政治の実権をもつ。

第8日　武家政治の展開 ―――― *p.38～p.39*

1 (1)荘園《しょうえん》
(2)保元《ほうげん》の乱
(3)宋《そう》

2 (1)執権《しっけん》　(2)イ
(3)ウ(→)イ(→)エ(→)ア

3 (1)二毛作　(2)エ

4 (1)フビライ(＝ハン)
(2)徳政令《とくせいれい》
(3)建武《けんむ》の新政

5 (1)カ　(2)キ
(3)ア　(4)エ

解説

1 (1)743年の墾田永年私財法《こんでんえいねんしざいのほう》によってつくられるようになった私有地が，やがて荘園と呼《よ》ばれるようになった。 (2)保元の乱やその後におこった平治《へいじ》の乱は，武士の力によって鎮《ちん》圧《あつ》されたため，武士が政治的権力をもつきっかけとなった。 (3)平清盛《たいらのきよもり》は，大輪田泊《おおわだのとまり》(現在の神戸港付近)などの港を整備して，宋と貿易を行った。

2 (3)ア：1467年におこった応仁《おうにん》の乱のこと。イ：元軍の襲来《しゅうらい》は，1274年(文永《ぶんえい》の役)と1281年(弘安《こうあん》の役)の2回。ウ：1221年の承久《じょうきゅう》の乱のこと。エ：足利尊氏《あしかがたかうじ》が京都に新たな天皇を立てたのは1336年。

3 (2)座《ざ》は，鎌倉《かまくら》・室町《むろまち》時代のころの商工業者の同業組合。馬借《ばしゃく》は，鎌倉・室町時代のころの運送業者。

4 (2)永仁《えいにん》の徳政令は，御家人《ごけにん》の窮乏《きゅうぼう》を救済するために出された。 (3)後醍醐《ごだいご》天皇が行った天皇中心の政治を建武の新政という。建武の新政は，武士が中心の世の中の実情に合わず，2年ほどで失敗に終わった。

5 (2)雪舟《せっしゅう》は明《みん》で絵画の技法を学び，帰国後，水《すい》墨画《ぼくが》を大成した。 (4)親鸞《しんらん》は，阿弥陀仏《あみだぶつ》を信じることが救われる唯一《ゆいいつ》の方法であるということをわかりやすく説いた。

覚えておこう **鎌倉幕府と室町幕府**

鎌倉幕府…源頼朝《みなもとのよりとも》が開設→北条《ほうじょう》氏の専制

室町幕府…足利尊氏が開設→義満《よしみつ》のときに南北朝合一→義政《よしまさ》のときに応仁の乱→戦国時代

第9日 世界の動きと天下統一 ——— *p.40～p.41*

1 (1)ウ (2)コロンブス
(3)ルネサンス(文芸復興)
(4)鉄砲《てっぽう》 (5)マゼラン

2 (1)例 免罪符《めんざいふ》の販売《はんばい》を行った。
(2)プロテスタント
(3)イエズス会

3 (1)分国法 (2)イ
(3)楽市・楽座
(4)イ

4 (1)(太閤《たいこう》)検地 (2)石高《こくだか》
(3)例 武士と農民の身分がはっきりと分けられるようになった。

解説

1 (1)香辛料《こうしんりょう》は調味料や肉類の保存に用いられたが，イスラム商人を通してアジアから輸入していたため，高価なものとなっていた。
(3)ルネサンスのころには，レオナルド＝ダ＝ビンチなどが活躍《かつやく》した。

2 (1)免罪符とは，その札を買えば罪がゆるされて天国に行けるというもの。 (3)イエズス会は，カトリックの教えを海外に広めるために結成された。

3 (1)各地の戦国大名が，それぞれ独自の分国法を制定した。 (2)安土《あづち》城は琵琶湖《びわこ》の東岸に築かれた。 (3)寺社や公家の保護を受けた座は営業を独占《どくせん》し，自由な経済活動をさまたげていた。 (4)一向《いっこう》宗は，親鸞《しんらん》が開いた浄土真宗《じょうどしんしゅう》のことである。

4 (2)米の量をはかる単位が石《こく》。 (3)検地や刀狩《かたながり》などによって武士と農民の身分は固定された。そして武士は農村から切り離《はな》されて城下に居住することとなった。

覚えておこう **信長と秀吉の政策**

楽市・楽座…商工業の自由な発展をはかる。

(太閤)検地…田畑の広さを調べ，予想される米の生産量を石高で表した。

刀狩…農民から武器をとりあげ，農業に専念させた。

第10日 仕上げテスト ——— *p.42～p.43*

1 (1)アフリカ大陸
(2)エ
(3)①イ ②日付変更《へんこう》線
(4)イタリア—地図：B 表：イ
インド—地図：C 表：エ

2 (1)①ウ ②法隆寺《ほうりゅうじ》
(2)①勘合《かんごう》
②例 商工業を発展させるため。
③ア
(3)①元 ②エ

解説

1 **(2)**斜線《しゃせん》で示された国はサウジアラビアで，イスラム教の聖地であるメッカがある。資料は，モスクと呼《よ》ばれるイスラム教の礼拝堂。
(4)地図中のAはロシア連邦《れんぽう》，Bはイタリア，Cはインド，Dはカナダ。表中の**ア**は人口密度が低く，肉類などを輸出していることからカナダ，**イ**はバッグ類などを輸出していることからイタリア，**ウ**は人口密度が低い一方，小麦の生産量が多く，鉱産資源の輸出が多いことからロシア，**エ**は人口密度が最も高いことからインド。

2 **(1)**Xの人物は聖徳太子《しょうとくたいし》(厩戸皇子《うまやどの》)(飛鳥《あすか》時代)。①**ア**：聖徳太子が中国に送ったのは遣《けん》隋使《ずいし》。遣唐使《けんとうし》は630年から派遣され，894年に停止された。**イ**：奈良《なら》時代に聖武《しょうむ》天皇が行った。**ウ**：冠位十二階についての説明。**エ**：大化の改新についての説明。②法隆寺は世界文化遺産《いさん》にも登録されている。
(2)Yの人物は織田信長《おだのぶなが》(戦国時代～安土《あづち》・桃《もも》山《やま》時代)。①室町《むろまち》時代，倭寇《わこう》と正式な商人を区別するために勘合が用いられた。③は桃山文化。**イ**は室町時代，**ウ**は江戸《えど》時代初期，**エ**は江戸時代後期に活躍《かつやく》した人物。
(3)Zの人物はフビライ＝ハン(鎌倉時代)。②北条時宗《ほうじょうときむね》は鎌倉幕府《ばくふ》8代執権《しっけん》。北条氏は執権の地位を独占《どくせん》し，政治の実権を握《にぎ》った。**ア**は室町時代，**イ**は江戸時代の役職。

理 科

第1日 光・音 p.44～p.45

1 (1)25度 (2)**ウ**
(3)**エ**

2 (1)**ウ**
(2)距離《きょり》Y：小さくなっていく。
像の大きさ：小さくなっていく。

3 (1)振動《しんどう》
(2)空気が音を伝えている。

4 (1)**ア**，**ウ** (2)**エ**

解説

1 **(1)**aは反射角，bは入射角を示している。光が反射するとき，入射角と反射角は等しくなるので，aの反射角が25度のとき，bの入射角も25度である。
(2)光が空気中からガラス中に進むとき，屈折《くっせつ》角《かく》が入射角より小さくなるように屈折するので，**ウ**のように進む。
(3)カップに入れた五円玉が見えるようになったのは，水中の五円玉からの光が水面で屈折したからである。

2 **(1)**スクリーンにうつった像は実像で，上下左右が逆になっている。
(2)凸《とつ》レンズと物体の距離Xを大きくしていくと，凸レンズとスクリーンの距離Yは小さくなり，スクリーンにうつる実像の大きさは小さくなる。

3 **(1)**音が出ている物体は振動しており，この物体の振動が耳に伝わり，音が聞こえる。
(2)音は，空気などの気体，水などの液体，金属などの固体の中を伝わるが，真空中では伝わらない。

4 **(1)(2)**弦《げん》の振動する部分が短いほど，また，弦の張り方が強いほど，振動数が多くなり，高い音が出る。

覚えておこう　音の大小と高低

音の大小は**振幅《しんぷく》**(振動の幅《はば》)，音の高低は**振動数**で決まる。振幅が大きくなると音は大きくなり，振動数が多くなると音は高くなる。

第2日　力のはたらき ―――― p.46～p.47

1 (1)①イ　②ウ　③ア

(2)①弾性《だんせい》の力(弾性力)　②摩擦力《まさつりょく》

③磁石の力(磁力)

④垂直抗力《すいちょくこうりょく》(抗力)　⑤電気の力

(3)③，⑤

2 (1)作用点　(2)3 N　(3)300 g

3 (1)①大きさ　②向き　③一直線上

(2)イ

4 (1)9.0 cm　(2)250 g

5 イ，ウ

解説

1 (3)磁石の力や電気の力，重力は物体どうしが離《はな》れていてもはたらく。

2 (1)物体にはたらく力は点と矢印で表すことができる。力がはたらく点を作用点といい，作用点を矢印の始点として，力の向きを矢印の向きにし，力の大きさを矢印の長さで表す。

(2)(3)矢印の長さが3目盛りなので，重力の大きさは3N，物体の質量は300 gである。

3 (2)おもりにはたらく重力は，地球がおもりを地球の中心に向かって引く力である。糸がおもりを引く力とおもりにはたらく重力は，つりあっている。

> **覚えておこう　2力がつりあう条件**
> ・2力の大きさが等しい。
> ・2力の向きが反対である。
> ・2力が一直線上にある。

4 (1)このばねは，1.0 Nの力を加えたとき5.0 cmのびるので，1.8 Nの力を加えたときのばねののびは，$5.0\times\frac{1.8}{1.0}=9.0$〔cm〕

(2)このばねを1.0 cmのばすのに必要な力の大きさは0.2 Nなので，12.5 cmのばすのに必要な力の大きさは，

$0.2\times\frac{12.5}{1.0}=2.5$〔N〕

5 重さは物体にはたらく重力の大きさのことで，場所によって異なり，ばねばかりではかることができる。

第3日　物質の性質・状態変化 ―――― p.48～p.49

1 (1)P：空気調節ねじ　Q：ガス調節ねじ

(2)①ア　②エ

2 (1)A：食塩　C：デンプン

(2)有機物

3 (1)a，c，e　(2)イ，ウ

4 (1)6.0 cm^3　(2)2.7 g/cm^3　(3)沈《しず》む。

(4)イ，オ

5 (1)①ア　②ウ　(2)蒸留

解説

1 (2)赤い炎《ほのお》を適正な青い炎にするには，空気の量をふやす必要がある。空気の量をふやすときは，Qのガス調節ねじをおさえて，Pの空気調節ねじだけをYの向きに回す。

2 (1)実験1で水にとけなかったCはデンプン，実験2で燃えなかったAは食塩，Bは砂糖である。

(3)砂糖，デンプンは有機物，食塩は無機物である。

3 (2)物質が状態変化をするときには，体積は変化するが，質量は変化しない。密度は物質1 cm^3 あたりの質量なので，体積が変化すれば密度も変化する。

4 (1)$56.0\ cm^3-50.0\ cm^3=6.0\ cm^3$

(2)$\frac{16.1\ g}{6.0\ cm^3}=2.68\cdots\ g/cm^3$ ➡ $2.7\ g/cm^3$

(3)物体の密度が液体の密度よりも大きいとき，物体は液体に沈み，物体の密度が液体の密度よりも小さいとき，物体は液体に浮《う》く。物体Aの密度は水の密度よりも大きいので，物体Aは水に沈む。

5 (1)エタノールの沸点《ふってん》は約78 ℃で，水の沸点100 ℃よりも低いので，エタノールのほうが先に沸騰《ふっとう》する。したがって，4分から6分までの間に試験管にたまった液体は，水よりもエタノールを多く含《ふく》む液体である。

> **覚えておこう　沸点と融点《ゆうてん》**
> 純粋《じゅんすい》な物質では，沸点や融点は物質の種類によって決まっている。混合物では，沸点や融点は一定の温度にならない。

第4日 気体・水溶液 ―――― *p.*50～*p.*51

1 ①二酸化マンガン　②酸素
③二酸化炭素　④水素　⑤ない
⑥下方置換法《かほうちかんほう》　⑦重い　⑧石灰水《せっかいすい》

2 (1)色：赤色　性質：ウ
(2)水に非常によくとける性質。

3 (1)硝酸《しょうさん》カリウム　(2)エ
(3)(加熱して)水を蒸発させる。

4 (1) 20 %　(2)砂糖：80 g　水：320 g
(3)エ　(4)ア，ウ

解説

1 ⑥二酸化炭素は空気より密度が大きく，水に少しとけるだけなので，下方置換法と水上置換法のどちらで集めてもよい。

2 (1)アンモニアは水にとけるとアルカリ性を示す。フェノールフタレイン液は，酸性・中性では無色で，アルカリ性では赤色を示す。
(2)アンモニアには，水に非常によくとける性質があるので，アンモニアで満たされたフラスコに水を入れると，アンモニアが水にとけてフラスコ内の圧力が下がり，ビーカーの水が吸い上げられる。

3 (1)(2)それぞれの水溶液《すいようえき》が 60 ℃から 20 ℃に変化したとき，溶解度《ようかいど》の差が大きいものほど多くの結晶《けっしょう》をとり出すことができる。よって，最も多くの結晶をとり出すことができるのは硝酸カリウムである。
(3)塩化ナトリウムは，60 ℃と 20 ℃の溶解度の差がほとんどないので，水溶液の水を蒸発させると，結晶をとり出すことができる。

覚えておこう　飽和水溶液《ほうわすいようえき》と溶解度
物質がそれ以上とけることができなくなった水溶液を飽和水溶液といい，100 g の水にとける物質の質量を溶解度という。

4 (1) $\frac{30\,\mathrm{g}}{30\,\mathrm{g}+120\,\mathrm{g}}\times 100=20$ より，
20 % である。
(2)砂糖の質量は，$400\times\frac{20}{100}=80$〔g〕
水の質量は，400 g－80 g＝320 g

第5日 植物のからだと分類 ―――― *p.*52～*p.*53

1 (1)C → D → B → A
(2)a：柱頭　b：胚珠《はいしゅ》　c：子房《しぼう》
(3)b　(4)被子植物《ひししょくぶつ》

2 (1)エ　(2)a：胚珠　b：花粉のう
(3)ア

3 ① 1　② 2　③ひげ根　④主根
⑤網状脈《もうじょうみゃく》

4 (1)胚珠　(2)裸子植物《らししょくぶつ》　(3)ウ　(4)胞子《ほうし》

解説

1 (1)花は，外側から，がく，花弁，おしべ，めしべの順についている。
(3)花粉がめしべの柱頭について受粉すると，子房が成長して果実になり，胚珠が成長して種子になる。

覚えておこう　子房と胚珠
被子植物は，受粉すると，子房が成長して**果実**になり，胚珠が成長して**種子**になる。

2 (1)X が雌花《めばな》，Y が雄花《おばな》で，A が雌花のりん片《へん》，B が雄花のりん片である。
(2)(3)雌花のりん片にある a が胚珠，雄花のりん片にある b が花粉のうである。花粉のうには花粉が入っている。サクラの花では花粉はおしべの先端《せんたん》にあるやく(ア)に入っている。

3 被子植物は，単子葉類と双子葉類《そうしようるい》に分けられる。単子葉類の子葉は 1 枚で，根はひげ根，葉脈は平行脈である。双子葉類の子葉は 2 枚で，根は主根と側根があり，葉脈は網状脈である。

4 (1)(2)種子植物のうち，子房がなく，胚珠がむき出しになっている植物のなかまを裸子植物という。
(3)B は被子植物の単子葉類で，イネがあてはまる。スギは裸子植物，ゼンマイは種子をつくらない植物，アサガオは被子植物の双子葉類である。
(4)イヌワラビやゼニゴケは胞子をつくってなかまをふやす。

第6日 動物のからだと分類 ——— p.54~p.55

1 ⑴X：えら　Y：変温　Z：胎生《たいせい》
⑵A：魚類　C：ハ虫類　⑶エ

2 ⑴Y　⑵b　⑶ウ

3 ⑴無セキツイ動物
⑵記号：B，C　名称：節足動物
⑶外とう膜　⑷ウ

4 ⑴B，C，F，G，H　⑵軟体動物《なんたいどうぶつ》
⑶イ，オ

解説

1 ⑴⑵Aは魚類，Bは両生類，Cはハ虫類，Dは鳥類，Eはホ乳類である。魚類はえらで呼吸し，ハ虫類は外界の温度が変化すると体温も変化する変温動物である。ホ乳類は，子が母親の体内である程度育ってから生まれる胎生である。
⑶イモリは両生類，ペンギンは鳥類である。また，ヘビはハ虫類，コウモリはホ乳類である。

覚えておこう　**変温動物と恒温動物《こうおんどうぶつ》**

・変温動物…外界の温度が変化すると，体温も変化する。
・恒温動物…外界の温度が変化しても，体温はほぼ一定である。

2 ⑴⑵Xはシマウマ，Yはライオンの頭骨である。aは門歯，bは臼歯《きゅうし》，cは犬歯，dは臼歯である。

3 ⑵B，Cはからだがかたい殻《から》におおわれており，からだやあしに節がある節足動物で，Bは昆虫類《こんちゅうるい》，Cは甲殻類《こうかくるい》である。

4 ⑴B，C，F，G，Hはセキツイ動物で，Bは両性類，Cはホ乳類，Fはハ虫類，Gは鳥類，Hは魚類である。
⑵A，D，E，Iは無セキツイ動物で，Aは軟体動物，Dは節足動物の甲殻類，Eは甲殻類，昆虫類以外の節足動物，Iは節足動物の昆虫類である。
⑶Gのニワトリは鳥類である。アは無セキツイ動物の節足動物，ウは両生類，エはセキツイ動物では魚類と両生類に関する内容である。

第7日 身近な地層や地形の観察 —— p.56~p.57

1 ①風化　②侵食《しんしょく》　③砂　④泥《どろ》

2 ⑴れき岩
⑵流水によって運搬《うんぱん》されている間に角がけずられたため。

3 ⑴泥の層
⑵あたたかくて浅い海であった。
⑶石灰岩《せっかいがん》

4 ⑴断層　⑵しゅう曲
⑶地層をおし縮める力がはたらいてできる。

5 ⑴イ　⑵示準化石　⑶ウ

解説

1 ③④運ばれてきたれきや砂，泥は粒《つぶ》の大きいものから順に堆積《たいせき》していく。

2 ⑴粒の直径が2 mm以上のものをれき岩，$\frac{1}{16}$～2 mmのものを砂岩，$\frac{1}{16}$ mm以下のものを泥岩《でいがん》という。
⑵土砂が堆積してできた岩石は，流水によって運搬される間に角がけずられて丸みを帯びる。

3 ⑴粒の大きいものほど海岸に近いところに堆積し，粒の小さいものほど海岸から離《はな》れた遠いところまで運ばれて，波の影響《えいきょう》が少ない場所で堆積する。
⑵サンゴは地層が堆積した当時の環境を示す化石で，あたたかく浅い海に生息する。
⑶石灰岩は生物の遺《い》がいなどが堆積してできた岩石で，うすい塩酸をかけると二酸化炭素が発生する。

覚えておこう　**石灰岩とチャート**

・石灰岩…うすい塩酸をかけると二酸化炭素が発生する。
・チャート…とてもかたく，くぎなどで表面に傷をつけることができない。

5 ⑶地点A，地点Bの凝灰岩《ぎょうかいがん》の層は同じ時代に堆積したと考えられるので，地点Aの泥岩の層の下には，地点Bの泥岩の下に見られる層が続いていると考えられる。

第8日　火山活動と火成岩 ——— p.58~p.59

1　①大きい　②小さい　③激しい
④おだやか　⑤白っぽい　⑥黒っぽい

2　(1)石基　(2)等粒状《とうりゅうじょう》組織《そしき》
(3)①火山　②深成　③鉱物
(4)①ウ　②イ　③カ　④オ　⑤エ　⑥ア

3　(1)ア　(2)イ

4　(1)エ　(2)イ　(3)①ア　②ウ

解説

1　マグマのねばりけが小さいと火山は傾斜《けいしゃ》のゆるやかな形になり，マグマのねばりけが大きいと火山はドーム状の形になる。また，マグマのねばりけは，噴火《ふんか》のようすや火山噴出物《かざんふんしゅつぶつ》の色にも影響《えいきょう》していて，マグマのねばりけが大きいほど噴火は激しく，火山噴出物の色は白っぽくなる。

2　(1)(2)火成岩Aのように，石基とよばれる小さい粒《つぶ》の中に斑晶《はんしょう》とよばれる比較的《ひかくてき》大きな鉱物が散らばっているつくりを斑状組織といい，火成岩Bのように，同じくらいの鉱物が組み合わさっているつくりを等粒状組織という。
(3)マグマが地表や地表付近で急に冷え固まってできた火山岩は，火成岩Aのように斑状組織になり，マグマが地下深くでゆっくり冷え固まってできた深成岩は，火成岩Bのように等粒状組織になる。

覚えておこう　**火山岩と深成岩**
・火山岩…マグマが地表や地表付近で急に冷え固まってできた火成岩。
・深成岩…マグマが地下深くでゆっくり冷え固まってできた火成岩。

3　(1)無色，白色の鉱物には，セキエイ，チョウ石があり，有色の鉱物には，クロウンモ，カクセン石，キ石，カンラン石などがある。

4　(2)火山噴出物の色は，有色鉱物の割合が多いと黒っぽくなる。
(3)マグマのねばりけが大きいほど，噴火は激しく，火山噴出物の色は白っぽくなる。

第9日　地　震 ——— p.60~p.61

1　①震央《しんおう》　②震源　③初期微動《しょきびどう》　④主要動

2　(1) 14秒　(2)下図　(3) 18時24分40秒
(4)①ア　②エ

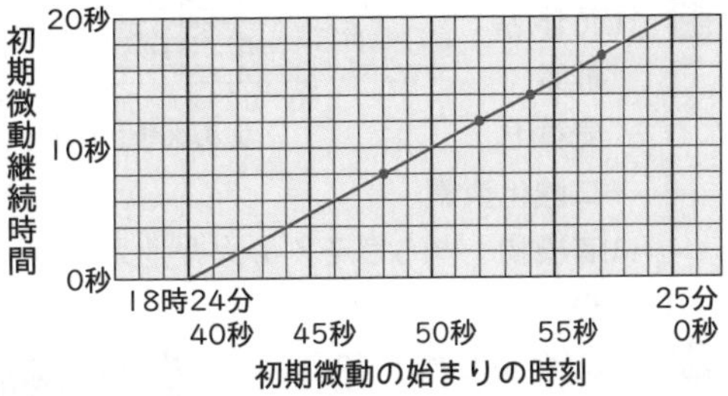

3　(1) 9時10分15秒　(2)ウ　(3)イ
(4) 88

4　(1)①海洋　②大陸　(2)深くなっている。

解説

1　①②震源の真上の地点を震央という。
③④はじめの小さなゆれを初期微動，あとからくる大きなゆれを主要動という。

2　(1)18時25分08秒－18時24分54秒より，14秒である。
(3)初期微動継続《けいぞく》時間が0秒の時刻を(2)のグラフから読みとる。

覚えておこう　**初期微動継続時間**
P波とS波の到着《とうちゃく》時刻の差。震源からの距離《きょり》が遠くなるほど，初期微動継続時間は長くなる。

3　(3)地震の波は，どの方向にもほぼ一定の速さで伝わるので，ふつう，地震の波の到着時刻が同じ地点を結ぶと，震央を中心とした同心円状になる。
(4)震源から X km離《はな》れた地点に，主要動を起こすS波が到着するのにかかった時間は，9時10分37秒－9時10分15秒より，22秒。主要動を起こす波が伝わる速さは，

$$\frac{40\ \mathrm{km}}{10\ \mathrm{s}}=4\ \mathrm{km/s}$$

この地点の震源からの距離 X は，
$4\ \mathrm{km/s}\times22\ \mathrm{s}=88\ \mathrm{km}$

4　(2)日本付近の地震の多くは，海溝《かいこう》(プレートが沈《しず》みこむ場所)から日本海側に向かって斜《なな》めに下がる面に沿って起こっている。

第10日 仕上げテスト ―――― *p.*62～*p.*63

1 (1)右図
(2) 10.5 cm
(3) 180 g

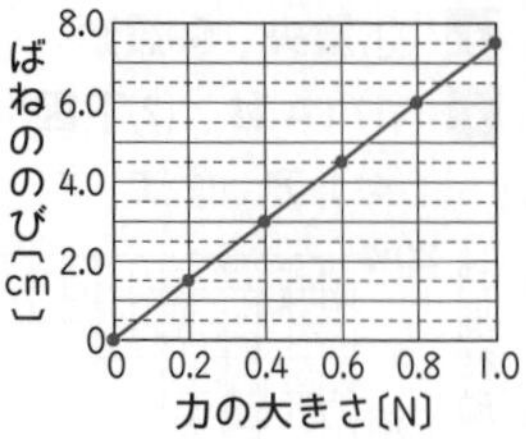

2 (1)気体 A：
酸素
気体 B：
二酸化炭素
(2)有機物　(3)ろうそくの火が消える。
(4)ウ

3 (1)②イ　④ア
(2)イ，エ，オ
(3)軟体動物《なんたいどうぶつ》

4 (1)堆積《たいせき》した当時の環境《かんきょう》がわかる。
(2)右図

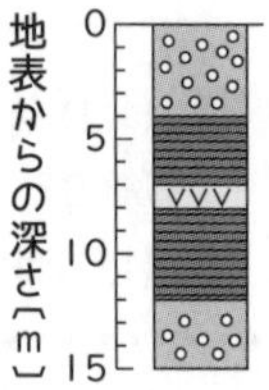

解説

1 (1)力の大きさが0.2 N大きくなるごとに，ばねは 1.5 cm のびている。
(2)7 個のおもりをつるしたとき，ばねに加わる力の大きさは，0.2×7=1.4〔N〕
このときのばねののびは，

$$1.5\times\frac{1.4}{0.2}=10.5〔cm〕$$

(3)おもりをつるしていないときのばねの長さは，15.0－1.5=13.5〔cm〕なので，ばねののびは，27.0－13.5=13.5〔cm〕
よって，ばねに加わる力の大きさは，

$$0.2\times\frac{13.5}{1.5}=1.8〔N〕$$

2 (2)(4)木炭やエタノール，紙，ポリエチレンは有機物で，燃えると二酸化炭素が発生する。アルミニウムは無機物で，燃えても二酸化炭素は発生しない。

3 (1)①は**オ**，②は**イ**，③は**エ**，④は**ア**，⑤は**ウ**の特徴《とくちょう》があてはまる。

4 (2)A 地点，B 地点に見られる火山灰の層は，同じ時代に堆積したと考えられるので，これをもとに地層の広がりを考える。C 地点は A 地点より標高が 5 m 低いので，C 地点での火山灰の層の上面は，地表からの深さが，12 m－5 m=7 m となる。

英語

第1日 be 動詞・一般動詞 ―――― *p.*64～*p.*65

1 (1)エ　(2)イ　(3)ウ　(4)エ　(5)ア

2 (1)エ　(2)ア　(3)ウ　(4)カ　(5)オ　(6)イ

3 (1)This story isn't[is not] interesting.
(2)Do they go to bed at eleven?
(3)Are you happy?

4 (1)am　(2)don't go
(3)Is，busy，she isn't[she's not]
(4)Do，come，they don't　(5)This is

5 (1)like[love]　(2)speak

6 (1)Miki and I practice tennis together every Tuesday[on Tuesdays].
(2)Do you often listen to music?

解説

1 (1)あとに very kind =「とても親切な」があるので，「～です」を表す be 動詞を選ぶ。play だと意味が通らない。　(3)一般動詞の否定文なので，動詞の前に don't[do not] を置く。

2 (1)Are you で聞かれているので，答えの文の主語は I，または we。ここでは a soccer fan から単数だとわかるので，I と am を使って答える。　(3)主語が複数の be 動詞の疑問文なので，答えの文でも are を使う。　(5)What で聞かれているので，Yes / No ではなく，具体的に答える。ここでは，好きなスポーツを答える。　(6)Is this で聞かれているので，答えの文の主語は it。

3 (1)be 動詞 is のあとに not を置く。

4 (2)一般動詞の否定文。ここでは解答欄の数から do not を短縮形にする。

5 (1)favorite「お気に入りの」は，「とても好きだ」ということ。「好きである」= like

6 (1)「テニスを練習する」は practice tennis，「毎週火曜日」は every Tuesday[on Tuesdays] で表せる。
(2)主語が「あなたたち」なので Do you で文を始める。「音楽を聞く」は listen to music，「しばしば」は often で表し，ふつう一般動詞の前に置く。

覚えておこう **be 動詞を使った短縮形**

・〈主語＋ **be** 動詞〉の短縮形

→ I**'m**，you**'re**，it**'s**，he**'s** など

・〈be 動詞＋ **not**〉の短縮形

→ you are**n't**，it is**n't**，he is**n't** など

※ I am not の短縮形は，I**'m** not だけ。

第2日 複数形 p.66～p.67

1 (1)an apple (2)families (3)buses (4)leaf

2 (1)ウ (2)ア (3)イ

3 (1)pictures (2)homework (3)computers (4)children

4 (1)Their two cars are very nice (2)I have a lot of notebooks in the desk

5 (1)some CDs (2)two hours (3)any dictionaries (4)cats (5)How many sisters

6 (1)My brothers are college students. (2)These boxes aren't[are not] big. (3)We aren't[We're not, We are not] good baseball players.

7 (1)I have an[one] interesting book. (2)We don't[do not] have any English classes today.

解説

1 (1)名詞に a[an] をつける。apple は発音が母音で始まる名詞なので an をつける。 (2)複数形に。family は y を i にかえて es をつける。 (3)複数形に。bus は語尾に es をつける。 (4)単数形に。ves を f にかえて leaf とする。

2 (1)two ＝「２つの」があるので，語尾に s をつけて oranges とする。 (2)That's があるので単数の名詞を続ける。big の前に冠詞を置く。 (3)any のあとの数えられる名詞は複数形にする。

3 (1)those と複数を表す語があるので，複数形の pictures にする。 (2)homework は数えられない名詞なので，そのままの形。 (3)any は疑問文で「いくつかの～」という意味なので複数形の computers にする。 (4)child の複数形は不規則に変化し，children となる。

4 (1)「2 台の」と複数なので cars が適切。their two cars は語順に注意。car が不要。 (2)「たくさんの」＝ a lot of。a が不要。

5 (1)「いくつか(何枚か)の」は some で表す。 (3)「1 つも～ない」と言うときは，not ～ any の形を使う。dictionary の複数形は y を i にかえて es をつける。 (4)「～が好きである」と言うとき，like のあとの数えられる名詞は複数形にする。 (5)数をたずねる how many のあとの名詞は複数形。

6 (1)主語を複数にかえるので，be 動詞と student も複数の形にかえる。 (2)box の複数形 boxes のつづりに注意する。

7 (1)interesting は発音が母音で始まる語なので冠詞は an を使う。

覚えておこう **複数形の作り方**

複数形は語尾に s，es をつけるが，次のようなものに注意しよう。

・〈子音字＋ **y**〉で終わる語

…**y** を **i** にかえて **es** をつける

(city → cit**ies**)

・**f**，**fe** で終わる語

…**f**，**fe** を **v** にかえて **es** をつける

(lea**f** → lea**ves**，kni**fe** → kni**ves**)

※ ほかにも child → child**ren**，man → m**e**n のように，不規則に変化する名詞もある。

第3日 命令文 p.68～p.69

1 (1)ア (2)ウ (3)ア (4)ウ

2 (1)イ (2)ウ

3 (1)Don't (2)Let's (3)study (4)Open，please

4 (1)日本語を話してはいけません。 (2)このテレビゲームをしましょう。

5 (1)Please use this camera (2)Let's listen to the radio (3)Don't go to school by bike

6 (1)Don't be late for school.

(2)Read these English books.
7 (1)Let's play baseball in the park.
(2)Don't watch TV in this room.

解説

1 (1)「～しましょう」と相手をさそう文は，動詞の原形の前にLet'sを置く。 (2)禁止の命令文は動詞の原形の前にDon'tを置く。
(3)be動詞の命令文は，原形のbeで文を始める。文の最後のTomは呼びかけのことば。
(4)please＝「どうぞ」を文頭か文末のどちらかに置くと，ていねいな命令文になる。

2 (1)絵に「遊泳禁止」とあるので，「ここで泳いではいけません」という文を選ぶ。
(2)動物園に行きたがる子どもに笑顔で話しかけているので，「動物園に行きましょう」という文を選ぶ。

3 (4)「どうぞ」とあるのでpleaseを使う。ここでは文末に置く。

4 (1)主語がない文は命令文。Don'tで始まる命令文は「～してはいけません」と訳す。
(2)Let'sがある文は，「～しましょう」と訳す。video game＝「テレビゲーム」

5 (1)*B*が「いいえ，けっこうです。私は自分のカメラを持っています」と言っているので，「このカメラを使ってください」という文にする。
(2)*B*が「いいえ。私は今忙しいです」と言っているので，「いっしょにラジオを聞きましょう」という文にする。
(3)*B*が「わかりました，お母さん」と言っているので，母親から子供への命令文にする。「今日は自転車で学校に行ってはいけません」という文にする。

6 (1)be動詞のある文の命令文は，be動詞(is, am, are)の原形beで文を始める。ここではDon'tをbeの前に置く。

7 (1)文頭にLet'sを置いて，動詞の原形を続ける。「野球をする」はplay baseball，「公園で」はin the park。 (2)文頭にDon'tを置いて，動詞の原形を続ける。「テレビを見る」はwatch TV，「この部屋で」はin this roomで表せる。

覚えておこう be動詞の命令文

be動詞の命令文は，原形beで文を始める。
禁止する文はDon't be ～. の形にする。
・命令文
Be quiet.「静かにしなさい」
・禁止の命令文
Don't be late.「遅れてはいけません」

第4日 疑問詞 p.70～p.71

1 (1)エ (2)ウ (3)イ (4)ウ
2 (1)many (2)How (3)When
(4)How
3 (1)Where do they play the guitar?
(2)How old is Ken's school?
(3)What time is it now?
4 (1)ウ (2)ア (3)エ (4)イ
5 (1)Who is that woman
(2)Which season do you like
(3)How many classes do you have
6 (1)Where do you see the[that] dog?
(2)How do they use this box?

解説

1 (2)How do you like ～?＝「～はいかがですか」 *B*が「それは美しいです。私はその色がとても好きです」と言っているので，「あなたは私のぼうしがどのように好きですか」という文になるようにHowを入れる。
(3)ユリが「私は元気です」と言っているので，How are you?＝「調子はどうですか」となるようにHowを入れる。 (4)*B*が場所を答えていることから考える。

2 (1)*B*が数を答えているので，How many ～?とする。 (2)*B*が「それは3,000円です」と言っているので，How much＝「いくら」とする。 (4)*B*がrainy＝「雨ふりの」と答えているので，howを使って，天気をたずねる表現にする。

3 (1)whereを使って場所をたずねる。 (2)年齢・古さをたずねる。 (3)時刻をたずねる。

4 (1)where＝「どこで」で聞かれているので，

場所を答える文を選ぶ。 (2)「彼らは手の中に何を持っていますか」と聞かれているので，持っているものを答えている文を選ぶ。 (3)when＝「いつ」と聞かれているので，時を表す語句を使って答える文を選ぶ。be動詞の文であることに注意。 (4)「その男の子たちは放課後に何をしますか」と聞かれているので，男の子たちが放課後にすることを答えている文を選ぶ。

5 (1)「向こうにいるあの女性はだれですか」
(2)「あなたはどの季節が好きですか」
(3)「今日は授業が何時間ありますか」

6 (1)where＝「どこ」のあとに一般動詞の疑問文の語順を続ける。 (2)how＝「どのように」を使う。「使う」はuse，「この箱」はthis boxで表せる。

覚えておこう **「〜のもの」を表す代名詞**

Whose notebook is this? — It's **mine**.
(これは**だれの**ノートですか。—**私のもの**です。)
答えの文のmineは，１語で「私のもの」を表す。
・１語で「〜のもの」を表す代名詞
mine「私のもの」 **ours**「私たちのもの」
yours「あなた(たち)のもの」
his「彼のもの」
hers「彼女のもの」 **theirs**「彼(女)らのもの」
※「カズヤのです」と人名で答えるときは，Kazuya**'s**のように〈**'s**〉をつける。

第**5**日 ３人称単数現在 —— *p.72〜p.73*

1 (1)**イ** (2)**ウ** (3)**ア** (4)**イ**
2 (1)**ウ** (2)**エ** (3)**イ** (4)**オ**
3 (1)takes (2)Does，speak (3)live in (4)doesn't listen
4 (1)wants (2)know (3)has
5 (1)Hideo gets up early in the morning
(2)My mother doesn't read English books
(3)Yumiko and Eri go to school by bike
6 (1)Yuka carries these boxes to the classroom.
(2)Does that student use this red pen?
(3)Where does Ayako practice the piano?
7 (1)Miki has some beautiful flowers.
(2)He often plays soccer after school.

解説

1 (1)主語が３人称単数なのでesがついたwatchesを選ぶ。 (3)主語は複数なので動詞はs，esのつかない形を選ぶ。 (4)あとに動詞がないので，be動詞の疑問文だと考える。

2 (1)Doesで聞かれているので，doesを使って答えている文を選ぶ。主語he，sheを使い分ける。 (2)what＝「何」と聞かれているので，具体的に何を勉強するかを答えている文を選ぶ。 (3)Isで聞かれているので，isを使って答えている文を選ぶ。 (4)who＝「だれが」と聞かれているので，人物を具体的に答えている文を選ぶ。一般動詞の文であることに注意。

3 (1)「写真を撮る」はtake a picture。takeはsをつけてtakesとする。 (3)「〜に住む」はlive in 〜。主語が複数なので，動詞はs，esのつかない形。 (4)主語が３人称単数の否定文。解答欄の数からdoes notを短縮形にする。

4 (1)動詞をsのついた形にする。 (2)主語はKazuya and Masakiで複数。 (3)haveは３人称単数では形がかわってhasになるので注意。

5 (1)主語が３人称単数なので，getが不要。
(2)主語が３人称単数の一般動詞の否定文なので，doesn'tを使う。don'tが不要。 (3)主語は複数なので，動詞はgoを使う。goesが不要。

6 (1)carryはyをiにかえてesをつける動詞。
(3)「どこ」＝whereは文頭に置く。主語が３人称単数なので，doesを主語の前に出す。

7 (1)「持っている」はhave。主語が３人称単数なのでhasにする。「美しい花」はbeautiful flowerで表せるが，「何本か」＝someを入れるのでflowerは複数形にする。 (2)主語が３人称単数で一般動詞の文なので動詞

play は plays にする。「よく」は often で表し，ふつう一般動詞の前に置く。

覚えておこう　3単現の s，es のつけ方

・多くの動詞
…語尾に **s** をつける(play → play**s**)
・**s**，**sh**，**ch**，**o**，**x** で終わる動詞
…語尾に **es** をつける(go → go**es**)
・〈子音字＋**y**〉で終わる動詞
…**y** を **i** にかえて **es** をつける(stud**y** → stud**ies**)
※ほかにも，have → **has** のように不規則に変化する動詞もある。

第6日　助動詞 can ——— p.74～p.75

1 (1)ウ　(2)ア　(3)イ　(4)ウ
2 (1)ウ　(2)ア
3 (1)Emi and Hideo can swim in the sea
(2)She cannot make dinner
(3)Can you help me
(4)Who can play the piano well
4 (1)can　(2)doesn't practice
(3)When can
5 (1)Your brother can use this computer.
(2)They can't[cannot] get any money.
(3)How can Takuya go to the park?
6 (1)Can　(2)can't[cannot]
(3)can teach
7 (1)I can play the guitar.
(2)Where can I[we] take a picture [pictures]?

解説

1 (1)(2)主語が何であっても，can のあとの動詞は原形。　(3)主語が複数で，あとに一般動詞があるので，この中では cannot が適切。　(4)あとに動詞 write があること，主語が3人称単数であることから考える。

2 (1)「～さんをお願いできますか」と，電話で取り次ぎを頼むときの表現。　(2)Can you ～？=「～してくれませんか」

3 (1)can のあとの動詞は原形。swims が不要。　(2)「～できません」なので，動詞の前に cannot を置く。doesn't が不要。　(3)「～してくれませんか」と相手に依頼するときは Can you ～？を使う。I が不要。　(4)who が主語になるときは3人称単数の扱いだが，can があるので動詞は原形。plays が不要。

4 (1)「～することができる」＝can ～。
(2)主語が3人称単数の一般動詞の否定文。解答欄の数から doesn't を使う。　(3)「いつ」＝when を文頭に置き，can we ～？=「(私たちは)～してもいいですか」を続ける。

5 (1)can のあとの動詞は原形の use にする。
(2)can を can't[cannot] とする。some は否定文ではふつう any にする。　(3)how を文頭に置いて，「タクヤはどうやって公園に行くことができますか」という文にする。

6 (1)「それについて私に教えてください」=「それについて私に教えてくれますか」と考える。どちらも相手に依頼する表現。　(2)「上手な英語の話し手ではない」=「上手に英語を話せない」と考える。　(3)「私たちのよい英語の先生」=「私たちに上手に英語を教えることができる」と考える。

7 (1)「～できる」は can ～，「ギターをひく」は play the guitar で表せる。　(2)「どこ」=where を文頭に置き，can I[we] ～？=「(私は[私たちは])～してもいいですか」を続ける。

覚えておこう　can の疑問文の意味

・「～してくれませんか」と依頼する
Can you close the door?
(ドアを閉めて**くれませんか**。)
・「～してもいいですか」と許可を求める
Can I read this book?
(この本を読ん**でもいいですか**。)
・「～しましょうか」と申し出る
Can I help you?
(あなたを手伝い**ましょうか**。)
※店員が Can I help you? と言うときは「いらっしゃいませ」の意味になる。

第7日　現在進行形 ——— p.76～p.77

1 (1)エ　(2)イ　(3)エ　(4)ア　(5)イ

2 (1)Do, know (2) I'm waiting
(3)is, doing (4)is sitting
(5)are playing

3 (1)singing (2)washing (3)writing
(4)swimming (5)has

4 (1)drawing (2)working (3)looking
(4)coming (5)going

5 (1)Where are Tomoya and Jun playing soccer
(2)My mother is talking with her friend

6 (1)We aren't[We're not，We are not] going to the library.
(2) I'm[I am] solving a difficult math problem.

解説

1 (1)now があるので現在進行形の文と考える。現在進行形は〈be 動詞 + ing 形〉で表す。 (2)we're は we are の短縮形。あとには動詞の ing 形を続ける。 (3)run は最後の文字を重ねて ing をつける。 (4) あとに your brother watching が続いているので Is を選ぶ。 (5)What ～ doing? と聞かれているので，現在進行形の文で答える。

2 (1)「知っている」= know は進行形にはしない動詞。 (2)「待っているところ」は進行形で表す。解答欄の数から，I am waiting の I am を短縮する。 (3)「する」=do (4)「座る」= sit は最後の文字を重ねて ing をつける。 (5)「サッカーをする」=play soccer

3 (4)swim は最後の文字を重ねて ing をつける。

4 (1)draw=「(絵を)描く」 (2)work=「(機械などが)作動する」 (3)look for ～=「～をさがす」 (4)話している相手のほうに「行く」と言うときは，日本語では「行く」だが，英語では come で表す。 (5)*A*：こんにちは，タク。 *B*：こんにちは，エミリー。見てください。これは私の新しいテニスラケットです。 *A*：いいですね。あなたはどこに行くところですか。 *B*：ミドリ公園へです。

5 (1)「どこで」= where を文頭に置き，あとには現在進行形の疑問文を続ける。do が不要。 (2)talks が不要。

6 (1)be going to ～ で「～に行くところ」の意味を表せる。 (2)( )内の語はそれぞれ difficult=「難しい」，problem=「問題」，solve=「解く」という意味。solve は e をとって ing をつける。

覚えておこう ing 形の作り方

・多くの動詞
→語尾にそのまま **ing** をつける。
study**ing**，play**ing**，wait**ing**

・**e** で終わる動詞(make，write，use など)
→ **e** をとって **ing** をつける。
mak**ing**，writ**ing**，us**ing**

・〈短母音 + 1 子音字〉で終わる動詞
(sit，swim，run など)
→**最後の文字を重ねて ing** をつける。
sit**ting**，swim**ming**，run**ning**

・**ie** で終わる動詞(die など)
→ **ie** を **y** にかえて **ing** をつける。
d**ying**

第8日 過去形 p.78～p.79

1 (1)エ (2)ア (3)イ (4)ア (5)ウ

2 (1)were (2)studying (3)live
(4)bought (5)listen

3 (1)wasn't watching (2)didn't practice
(3)came[went，got]，last (4)Did，wash
(5)When did，get

4 (1)How did (2)they didn't (3)did

5 (1)The boys were making lunch for their family.
(2)She wasn't tired yesterday.
(3)Who wrote this book?

6 (1)He had a lot of homework
(2)Kaori took many pictures at the zoo

7 (1)Was your father a tennis player?
(2)I saw[watched] a[one] beautiful bird there yesterday.

解説

1 (1)(3)(5)過去を表す語句があるので，過去の文だとわかる。 (2)主語が3人称単数なので，現在の文ならばreadにsが必要。(　)内にreadsがないので，過去形のreadを選ぶ。readは原形と過去形が同じ形。read【riːd】—read【red】と発音は異なる。　(3)過去の文で主語が単数なのでWasを選ぶ。　(4)過去の疑問文は〈Did＋主語＋動詞の原形 ～?〉で表す。　(5)過去の否定文は〈didn't[did not]＋動詞の原形〉で表す。

2 過去を表す語句があるので過去の文だとわかる。　(1)過去の文で主語が複数なのでwereにする。　(2)文頭にWasがあるので，過去進行形の文と考える。　(4)buy＝「買う」は，buy—boughtと不規則に変化する動詞。

3 (1)過去進行形の否定文は〈be動詞の過去形＋not＋ing形〉。ここでは空欄の数から短縮形のwasn'tを使う。　(2)過去の否定文は動詞の前にdidn't[did not]を置く。ここでは空欄の数から短縮形のdidn'tを使う。　(3)「帰宅する」＝come home。comeは，come—cameと不規則に変化する動詞。

4 (1)*B*がby train＝「電車で」と交通手段を答えているので，「昨日どうやってコンサートに行きましたか」という文にする。
(2)(3)didで聞かれているので，答えの文でもdidを使う。

5 (1)元が過去の文なので過去進行形の文にする。過去進行形は〈be動詞の過去形＋ing形〉。　(2)4語の指定から，was notの短縮形のwasn'tを使う。　(3)who，whatなど疑問詞が主語の疑問文では，動詞は過去形のまま使う。

6 (1)「彼は昨日たくさんの宿題がありました」という文にする。　(2)「カオリはこの前の日曜日，動物園でたくさんの写真を撮りました」という文にする。

7 (1)be動詞を使った過去の疑問文。主語が単数なのでWasで文を始める。「あなたのお父さん」はyour father,「(1人の)テニス選手」はa tennis playerで表せる。　(2)see＝「見る」は，see—sawと不規則に変化する動詞。

覚えておこう　**過去を表す語(句)**

文の中に過去を表す語(句)を見つけて，動詞の形を決めることができる。

- **yesterday**「昨日」
- **last** ～「この前の～」
- ～ **day(s)[week(s)] ago**「～日[週間]前」
- **then，at that time**「そのとき」

※ two days ago「2日前」
　＝ the day before yesterday「おととい」

第9日　未来を表す表現 ———— *p.80～p.81*

1 (1)エ　(2)イ　(3)ウ　(4)ア

2 (1)will have　(2)will be[become]
(3)am not going　(4)Are，going to，I am
(5)Will，go，won't

3 (1)I'm going to talk about
(2)isn't going to get up early
(3)What will you do this

4 (1)ウ　(2)イ　(3)エ　(4)カ

5 (1)I will[I'll] be at home this afternoon.
(2)They are[They're] going to see a movie this weekend.
(3)It won't rain tomorrow evening.
(4)Who is[Who's] going to join the club?

6 (1)I will live in Tokyo next year.
(2)Are you going to buy a new bike?

解説

1 (1)tomorrowがあるので未来の文。〈will＋動詞の原形〉の文と考える。　(2)next Sundayがあるので未来の文。〈be going to＋動詞の原形〉の文と考える。　(3)tomorrow morningがあるので未来の文。willのあとにnotを置く。　(4)tomorrowがあるので未来の文。直後にyou studyが続くので，アのWillが適切。

2 空欄の数から〈will＋動詞の原形〉か〈be going to＋動詞の原形〉のどちらを使って答えるかを考える。どちらも動詞は原形。
(1)〈will＋動詞の原形〉の肯定文。「～がある」はhaveで表せる。　(2)〈will＋動詞の原形〉の肯定文。a teacher「(1人の)先生」が続くので動詞はbe動詞かbecome。be動詞の原形はbe。　(3)〈be going to＋動詞の原形〉

の否定文。主語が I なので be 動詞は am。
(4)〈be going to＋動詞の原形〉の疑問文。主語が you なので be 動詞は are。答えの文では主語が I にかわるので be 動詞は am。
(5)〈will＋動詞の原形〉の疑問文。No で答えるときは No, she won't[will not]. で表すが，空欄の数から will not の短縮形の won't を使う。

3 (1)「～について話す」は talk about ～で表せる。 (2)「早く起きる」は get up early で表せる。 (3)what「何」を文頭に出し，will を主語 you の前に出す。

4 (1)「明日は晴れますか」という質問。will を使った疑問文なので will を使って答えている**ウ**が適切。 (2)「あなたのお兄さん[弟さん]は来週，川で泳ぐつもりですか」という質問。be going to ～を使った疑問文なので be 動詞を使って答える。your brother なので he を使って答えている**イ**が適切。 (3)「あなたは昼食に何を作りますか」という質問。
(4)「彼らはいつ誕生日パーティーをするつもりですか」という質問。

5 (1)will を主語のあとに置く。I will は短縮形を使い，I'll としてもよい。am の原形は be。
(2)主語が they なので be 動詞 are を使う。
(3)5 語の指定から，will not の短縮形 won't を使う。 (4)who を文頭に置いて，「だれがそのクラブに参加する予定ですか」という文にする。who は 3 人称単数扱いなので be 動詞は is。

6 (1)「～に住む」は live in ～，「来年」は next year で表せる。 (2)「買う」は buy，「新しい自転車」は a new bike で表せる。

覚えておこう **will と be going to ～のちがい**

・**will** →未来のことについて言うとき
・**be going to** ～→予定されている未来のことについて言うとき

I **will** play tennis tomorrow.
「私は明日テニスをします」
→その場の思いつきや意志などを表す。
I **am going to** play tennis tomorrow.
「私は明日テニスをするつもりです」
→具体的な予定が立っていることを表す。

第10日 仕上げテスト p.82～p.83

1 (1)エ (2)ア (3)ウ (4)ウ (5)イ (6)エ
2 (1)What time is it
(2)He will be twelve next
(3)I saw it on the table
(4)I do not have any pencils
(5)What were you doing
3 (1)I went to the[a] library yesterday.
(2)Where does he live?
4 (1)あなたの部屋をそうじし[片づけ]なさい。
(2)(B)had (C)made
(3)エ
(4)「OK[オーケー]」(という言葉)
(5)①× ②○ ③×

解説

1 (1)「～しましょう」＝Let's のあとの動詞は原形にする。 (2)主語が 3 人称単数なので，s がついた leaves を選ぶ。 (3)前置詞のあとにくる代名詞は目的格を使う。 (4)*A* が「あなたは何歳ですか」と言っているので，年齢を答えている**ウ**が適切。 (5)*A* が「あなたは今日，どうやって学校に来ましたか」と言っているので，「私はここまで歩きました」と答えている**イ**を選ぶ。 (6)*A* が「あなたは昨日の夜，どこにいましたか」と言っている。Where were you ～? で聞かれているので be 動詞の過去形を使って答える。主語が I なので was を選ぶ。

2 (1)時刻をたずねる決まった言い方。
(2)未来の文。〈will＋動詞の原形〉で表す。「～になる」は be 動詞を使って表す。
(3)「テーブルの上で」＝on the table
(4)「1 つ[本]も持っていない」＝do not have any ～
(5)過去進行形の疑問文。〈be 動詞の過去形＋主語＋動詞の ing 形〉で表す。

3 (1)「行く」＝go は，go—went と不規則に変化する。 (2)where を文頭に置き，疑問文の語順を続ける。

4 (1)命令文なので，「～しなさい」と訳す。

(2)それぞれ過去形にする。 (3)“All Correct”を“Oll Korrect”と書きまちがえたことから，その頭文字をとって“OK”になった，という流れ。 (4)本文8〜9行目。新聞が「OK」という言葉を使い，人々も気に入ってこの言葉を使った，という流れ。 (5)①本文3行目。インターネットで読んだ，と言っている。③本文8〜9行目。新聞が先に使った。

〈全訳〉「部屋を片付けなさい」「OK」「公園に行きましょう」「OK」

アメリカと日本では，人々は「OK」というこの言葉をよく使います。しかし，この言葉はどこから来たのでしょうか。あなたはそれを知っていますか。先週，私はそれについてのおもしろい話を3つインターネットで読みました。

昔，アメリカのある大統領には何人かの部下がいました。部下たちは大統領の部屋にやって来て，たくさんのアイディアを彼に見せました。大統領はそれらのアイディアを毎日見ました。彼はアイディアのいくつかを気に入り，その紙に「All Correct(すべて認めます)」と書きました。しかし彼はときどき，つづりのまちがいをしました。彼は「All Correct」と書かずに，「Oll Korrect」と書きました。そのうち，「Oll Korrect」が「OK」になりました。新聞が「OK」というこの新しい言葉を使いました。それから人々はこの言葉を気に入りました。彼らもまたそれを使いました。「OK」はアメリカの人々の間でとても人気になりました。

これはおもしろいです。私はこの話が大好きです。ほかの話では，「OK」はニューヨーク市の近くの町の名前から来たそうです。またほかの話では，「OK」は外国語から来たそうです。

これらの話は真実でしょうか。「OK」はどこから来たのでしょうか。私はまだ事実を知りません。しかしこれらの話はおもしろいです。あなたもそう思いますか。

国語

第1日 漢字・語句 ―― p.103〜p.102

1 (1)はっしょう (2)いんれき
(3)おちい (4)そこ
(5)達成 (6)鮮明 (7)著 (8)店頭

2 (1)エ (2)ア (3)ウ (4)ア (5)イ

3 (1)カ (2)ウ (3)ア (4)イ (5)オ (6)キ

4 (1)①対象 ②対称 (2)①賞状 ②症状
(3)①取 ②採 ③撮 (4)①住 ②済

5 (1)①イ ②ア ③ウ
(2)①イ ②エ ③ウ ④ア
(3)①エ ②ア ③オ ④ウ ⑤イ

解説

1 (5)「達」のつくりを「幸」としないこと。 (7)「著しい」の送りがなを正しく覚えるよう注意すること。

2 (5)「天」は，大の字に立っている人の頭上に横線を引いて，頭上に広がる大空を表した指事文字である。

3 部首は漢字の意味を表す場合が多いので，それぞれの部首の持つ意味を理解すること。

4 同訓異字は，(3)①「取得」，②「採集」，③「撮《さつ》影《えい》」，(4)①「居住」，②「完済」などのように，熟語と対応させて覚えること。

5 (1)①は，幼いときからの習慣は，年老いても抜《ぬ》け切らないという意味。 (3)イは，賢《かしこ》くてものごとの理解や判断が早いという意味。

覚えておこう **漢字の成り立ち**

①**象形文字**…ものの姿や形をかたどってできた文字。例 山，木

②**指事文字**…位置や数など形で表しにくいものを点や線で示した文字。例 上，三

③**会意文字**…象形文字や指事文字を二つ以上組み合わせた文字。
例 口＋鳥→鳴，木＋木→林

④**形声文字**…意味を表す文字と音を表す文字を組み合わせたもの。
例 金＋同→銅，木＋反→板

第2日 文 法 ―― p.101〜p.100

1 (1)①四　②五　③三　④四
(2)①六　②九　③八　④七　⑤七

2 (1)主語…イ　述語…オ
(2)主語…ウ　述語…オ
(3)主語…オ　述語…ウ

3 (1)とれたら　(2)続く　(3)違いは

4 (1)イ　(2)エ

5 (1)イ　(2)ウ　(3)オ　(4)エ　(5)ア

6 (1)ウ　(2)ア　(3)カ　(4)オ

7 (1)ケ　(2)ア　(3)オ　(4)イ

解説

1 (1)文節の区切り目は「ネ・サ・ヨ」を補って読むことができる。　(2)単語には自立語と付属語があり，文節は自立語または自立語と付属語の組み合わせでできている。

2 主語は「何が」「何は」，述語は「どうする」「どんなだ」「何だ」にあたる文節である。まず述語から見つけること。

3 ――線の文節に続けて読んで，意味が自然につながる文節を見つける。

6 接続詞は接続のしかたで，「順接」「逆接」「並列《へいれつ》・累加《るいか》」「対比・選択《せんたく》」「説明・補足」「転換《てんかん》」に分類される。

7 品詞の分類は，それだけで文節を作ることができる単語(自立語)と，それだけでは文節を作れない単語(付属語)に分けることができる。自立語には，名詞，動詞，形容詞，形容動詞，副詞，連体詞，接続詞，感動詞がある。そのうち，活用せず，主語になるもの(名詞)を体言，活用し，単独で述語になることができるもの(動詞，形容詞，形容動詞)を用言という。

第3日 小 説 ―― p.99〜p.98

1 (1)人をこばんでは野球はやれない　(2)ウ
(3)a…青波　b…自分(洋三)
c…正しく確かなのか(a，b順不同)
(4)ぼくな，身　(5)ウ

解説

1 (1)「他人をわかりたいと思わない」とは，具体的にはどうすることか。　(3)洋三《ようぞう》は自分が巧《たくみ》に言ったことは間違《まちが》っていないと思っていたが，青波《せいは》から「取り越《こ》し苦労だ」と言われた。だから，「少し混乱し」たのである。　(4)青波の言葉から，自分のことを言っている部分を探す。　(5)洋三は青波との会話から，「自分を尊び信じたいと望んだ時期があった」ことを思い出したのである。

第4日 随 筆 ―― p.97〜p.96

1 (1)a…言葉探し　b…ワンパターン
c…知性
(2)エ　(3)イ
(4)例 本を読むことで，世の中には，自分とは異なるさまざまの考え方，感じ方があるということを知らなければならない。(53字)

解説

1 (1)□の前後の言葉を手がかりにする。a，bは第六段落「その時その場の自分にふさわしい言葉探しを怠《なま》けて……とかく『ワンパターン』になりがち」，cは中学生の指摘《してき》に対する感想である第十二段落「知性に希望をも」つから考える。　(2)イも入りそうだが，二つ目の□の直前の「高齢者《こうれいしゃ》」と対応するエの方が適当。　(3)筆者は「自分にふさわしい言葉探しを怠けて」いると，言葉が「ワンパターン」になると述べている。　(4)第十三段落「うぬぼれないで……自然にただされる」，第十四段落「世の中には……どんなに心寒いことか」から考える。

第5日 説明文・論説文 ―― p.95〜p.94

1 (1)A…エ　B…ア
(2)X…ギフチョウ　Y…カタクリ
(3)①ギフチョウのサナギは暑いと眠っていて，秋，涼しくなったらチョウの形ができ始めるのではないか？

②七月，八月を暑さにあてず，涼しくしておいたギフチョウのサナギを八月末に解剖してみた
(4)C…**ウ**　D…**エ**　E…**ア**

解説

1 (2)「この二つ」とは，それぞれ何のことか。(3)①［A］をふくむ段落に注目する。②筆者たちがギフチョウのサナギにしたことを抜《ぬ》き出す。(4)この段落は「ギフチョウのサナギは……秋，涼《すず》しくなったらチョウの形ができ始める」という仮説の検証結果をまとめたものである。

第6日　図表・資料などの読み取り — *p.93〜p.92*

1 例 信頼できる情報を得るときにインターネットを利用する人より，いち早く知るときにインターネットを利用している人のほうが倍くらい多い。

最近はスマートフォンなどでニュースも配信されるので，そのような利用をしているのだと思う。確かに調べたいことがあるときには便利な手段だが，信頼できる情報かどうかは利用者が正しい判断をする必要がある。インターネットを利用する場合は，情報の発信元が信頼できるかどうかに注意して情報を取り扱うことが大切だ。(15行)

2 例 資料からは，高校生は，物語を楽しんだり，気分転換したりすることを読書の効果として認識している人の割合が高い。一方，保護者は，多様な人の考え方に触れられ，視野を広げるといった効果を期待している人の割合が高く，認識に違いがあることがわかる。

この違いは，高校生が本を楽しみのために読んでいるのに対して，保護者は本から学んで欲しいということを期待しているからではないかと考える。(185字)

解説

1 「いち早く知るとき」と「信頼《しんらい》できる情報を得るとき」で，割合に差のある項目《こうもく》に着目する。自分の体験をふまえて書くという条件に注意し，読み取ったことから自分の考えをまとめる。

2 高校生と保護者の認識《にんしき》の違《ちが》いは，それぞれの項目の数値の差が大きい部分に表れている。その違いについての考えを後段でまとめる。段落構成や字数制限，誤字・脱字《だつじ》に注意する。

第7日　詩 — *p.91〜p.90*

1 (1)**イ**
(2)A…おいてある　B…疲れた靴
C…**エ**

2 (1)**イ**　(2)なだれおちるような　(3)**ウ**

解説

1 (1)英子が成長したから，「小さな靴《くつ》」が「もう合わない」のである。「小さな靴」が玄関《げんかん》にあることを「花を飾《かざ》るより　ずっと明るい」と述べていることからも，英子の成長を喜ぶ作者の深い愛情が読み取れる。(2)A「小さな靴」は玄関でどんな状態なのか。B「おとなの靴」はどのように表現されているか。C二ヵ月ほどで靴が合わなくなってしまう英子からどのような印象を受けるか。

2 (2)「若葉みどり」はどのように斜面《しゃめん》に生えているか。(3)この詩は「山頂から見た」景色についてうたったものなので**ア**と**ウ**が考えられる。しかし，**ア**「自然の脅威《きょうい》」は感じられないので不適。また，詩の中の「世界のひろさをかんがえる」という表現から，**ウ**「無限に広がる世界への感動」が適当だとわかる。

覚えておこう　**詩の形式**

①文体
- **文語詩**…昔の言葉で書かれている。
- **口語詩**…現在の言葉で書かれている。

②形式
- **定型詩**…音数・句数に一定の決まりがある。
- **自由詩**…音数に決まりがなく，自由に表現されている。
- **散文詩**…普通《ふつう》の文のように書かれている。

第8日 古典 ①（古文） p.89～p.88

1 ⑴a…いう　e…いたり
⑵b…いろいろな　c…不思議に思って
d…とても
⑶さぬきのみやつこ
⑷竹取の翁
⑸三寸ばかりなる人

2 ⑴ア
⑵いけないだろう

3 ⑴エ
⑵例 家の周辺がとても明るくなったということ。

解説

1 ⑶現代語訳から，竹取の翁《おきな》の名前を答えればよいとわかる。　⑸この場面では，竹取の翁と「三寸ばかりなる人」の二人しか出てこない。このうち竹の筒《つつ》の中に座《すわ》っていたほうを答える。

2 ⑴古文では助詞が省略されることが多いので注意する。「金《こがね》・銀《しろかね》・瑠璃《るり》色の水」「橋」は主語になるので，「が」「は」などがあてはまる。　⑵「違《たが》はましかば」は「違《ちが》っていれば」という意味である。くらもちの皇子《みこ》は，かぐや姫《ひめ》が言ったものとまったく同じ花の枝を持って帰ろうと思っていたのである。だから，かぐや姫の言ったことと「違っていれば」どうだと思ったのか。

3 ⑴家の周辺がとても明るくなったことをたとえているのだから，いちばん明るいエが適当である。　⑵「人々の毛穴までもが見えるほど」どうなったのか。

覚えておこう　**歴史的かなづかいの原則**

①語中・語尾《ごび》のハ行→ワ行　例 いふ→いう
②「ゐ・ゑ」，助詞以外の「を」→「い・え・お」
例 ゐたり→いたり
③「ぢ・づ」→「じ・ず」　例 よろづ→よろず
④「au・iu・eu・ou」→「ô・yû・yô・ô」
例 うつくしう(utukusiu)
→うつくしゅう(utukusyû)

第9日 古典 ②（漢文） p.87～p.86

1 ⑴ウ　⑵イ　⑶エ　⑷レ点　⑸ウ

2 ⑴こたえて　⑵イ　⑶ア
⑷五十歩百歩

解説

1 ⑴直後の「我が盾《たて》の堅《かた》きこと……」からわかる。　⑵「陥《とほ》さざることはなきなり」と，助詞を補って考えればわかる。「盾と矛《ほこ》とをひさぐ者」は，自分が売っている矛を「突《つ》き通さないものはない」，つまり，あらゆるものを突き通すと自慢《じまん》しているのである。　⑶漢文では「子《し》」は「あなた・君」，「何如《いかん》」は「いかがですか・どうですか」という意味を表すことを覚えておく。この場面は「ある人」が「あなたの矛で，あなたの盾を突き通したらどうなりますか」とたずねているので，「子＝盾と矛とをひさぐ者」だとわかる。
⑷漢文のみで書かれた文(白文)に送りがなや返り点などを補い，日本語の文章のように読めるようにしたものを訓読文という。返り点は，レ点のほかに，一・二点を覚えておく。
⑸最後の一文に注目する。「盾と矛とをひさぐ者」は，どのようなことに気づいたから答えることができなかったのか。

2 ⑵動作を表す漢字の下に「何を」にあたる漢字がくるものを選ぶ。　⑶——線③は，恵王《けいおう》が「五十歩しか逃《に》げなかった」人と「百歩逃げた人」の違《ちが》いについて述べた部分であることをおさえる。　⑷「五十歩百歩」は「どちらもあまり違いがないこと」という意味。

覚えておこう　**漢文特有の言い回し**

言い回し	意味
～するなかれ	～してはいけない
未《いま》だ～せず	まだ～しない
～あたはず	～することができない
まさに～(せん)とす	今にも～しようとする
なほ～のごとし	まるで～のようだ
～せんと欲《ほっ》す	～しようとしている

第10日 仕上げテスト ——— *p.85~p.84*

1 (1)a…あいだがら　b…はいご
c…欲求　d…価値観　e…なっとく
f…新
(2)**イ**
(3)自分の思いを相手にわかってもらえるように語る
(4)例 不満やぐちなどを抑えられずに言う。
(5)**ウ**
(6)X…ものの見方・感じ方(ものの見方・考え方)(カチカンや感受性)
Y…見つめ直す

解説

1 (2)「つきあい始めの頃《ころ》は……遠慮《えんりょ》がち」だが，「つきあいが進んで親密な間柄になると」遠慮がなくなる，と反対の内容が続いている。
(3)「なぜそんな考え方をするのだろう，どうしてわかってくれないんだろう」という思いを解消するためには，まず何をどのように話さないといけないのか。　(5)**ア**は，第一段落に「他者と向き合うというのは……自己をさらけ出してつきあうこと」とあるので不適。**イ**は，第七段落に「相手のものの見方・感じ方の見当をつけ，相手の視点に立って」とあるので不適。**エ**は，第四段落に「ちょっとしたズレも気になってくる」とあり，第五・八段落で述べられているように「わかりあいに向けての交渉《こうしょう》」を繰《く》り返すうちに，「相手の視点が知らず知らずのうちに自分の中に取り入れられていく」とあるので不適。　(6)X…親密になるにつれて，自分と相手の間に生じるズレとは何か。Y…筆者は第八段落で「相手にわかってもらえるように自己の体験を語り直すということは，相手の視点に立って自己の体験を見つめ直すこと」だと述べている。